GROUP

中国建投 ｜ 远见成就未来

中国建投研究丛书·报告系列
JIC Institute of Investment Research Books · Report

中国工业制造投资
发展报告
(2022)

**ANNUAL REPORT ON THE DEVELOPMENT OF
INDUSTRIAL MANUFACTURE INVESTMENT IN CHINA (2022)**

主编 / 建投投资有限责任公司

社会科学文献出版社
SOCIAL SCIENCES ACADEMIC PRESS (CHINA)

总　序

一千多年前，维京海盗抢掠的足迹遍及整个欧洲。南临红海，西到北美，东至巴格达，所到之处无不让人闻风丧胆，所经之地无不血流成河。这个在欧洲大陆肆虐整整三个世纪的悍匪民族却在公元 1100 年偃旗息鼓，过起了恬然安定的和平生活。个中缘由一直在为后人猜测、追寻，对历史的敬畏与求索从未间歇。2007 年，在北约克郡哈罗盖特（曾属维京人居住领域）的山谷中出土了大量来自欧洲各国的货币，各种货币发行时间相差半年，"维京之谜"似因这一考古圈的重大发现而略窥一斑——他们的财富经营方式改变了，由掠夺走向交换；他们懂得了市场，学会了贸易，学会了资金的融通与衍生——而资金的融通与衍生改变了一个民族的文明。

投资，并非现代社会的产物；借贷早在公元前 1200 年~公元前 500 年的古代奴隶社会帝国的建立时期便已出现。从十字军东征到维京海盗"从良"，从宋代的交子到犹太人的高利贷，从郁金香泡沫带给荷兰的警示到南海泡沫树立英国政府的诚信丰碑，历史撰写着金融发展的巨篇。随着现代科学的进步，资金的融通与衍生逐渐成为一国发展乃至世界发展的重要线索。这些事件背后的规律与启示、经验与教训值得孜孜探究与不辍研习，为个人、企业乃至国家的发展提供历久弥新的助力。

所幸更有一批乐于思考、心怀热忱的求知之士勤力于经济、金融、投资、管理等领域的研究。于经典理论，心怀敬畏，不惧求索；于实践探索，尊重规律，图求创新。此思索不停的精神、实践不息的勇气当为勉励，实践与思索的成果更应为有识之士批判借鉴、互勉共享。

调与金石谐，思逐风云上。"中国建投研究丛书"是中国建银投资有限责任公司组织内外部专家在回顾历史与展望未来的进程中，深入地体察和研究市场发展及经济、金融之本性、趋向和后果，结合自己的职业活动，精制而成。本丛书企望提供对现代经济管理与金融投资多角度的认知、借鉴与参考。如果能够引起读者的兴趣，进而收获思想的启迪，即是编者的荣幸。

是为序。

张睦伦

2012 年 8 月

编辑说明

中国建银投资有限责任公司（以下简称"中国建投"）是一家以金融为主体、涵盖投资与资产经营的国有综合性控股集团，集团内设中国建投投资研究院。作为一家企业智库，中国建投投资研究院立足企业，面向社会，重点围绕宏观经济、金融、投资等领域的热点问题，组织集团内部和社会研究力量开展研究。在为集团发展提供研究支持的同时，也不断向社会推出优秀研究成果。

"中国建投研究丛书"（以下简称"丛书"）收录建投研究院组织的内外部专家的重要研究成果，根据系列化、规范化和品牌化运营的原则，按照研究成果的方向、定位、内容和形式等将"丛书"分为报告系列、论文系列、专著系列和案例系列。报告系列为行业年度综合性出版物，汇集集团各层次的研究团队对相关行业和领域发展态势的分析与预测，对外发表年度观点。论文系列为建投研究院组织业界知名专家围绕市场备受关注的热点或主题展开深度探讨，强调前沿性、专业性和理论性。专著系列为内外部专家针对某些细分行业或领域进行体系化的深度研究，强调系统性、思想性和市场深度。案例系列为建投研究院对国内外投资领域案例的分析、总结和提炼，强调创新性和实用性。希望"丛书"的编写和出版，能为政府相关部门、企业、研究机构以及社会各界读者提供参考。

本研究丛书仅代表作者本人或研究团队的独立观点，不代表中国建投的商业立场。文中不妥及错漏之处，欢迎广大读者批评指正。

建投投资有限责任公司、
建投华文投资有限责任公司简介

建投投资有限责任公司（以下简称"建投投资"）、建投华文投资有限责任公司（以下简称"建投华文"）是中国建投集团旗下服务实体经济发展、助力国家产业升级的股权投资企业。建投投资与建投华文（合并简称"建投投资/建投华文"）合并运营、合署办公，实行"一套人马、两块牌子"。

建投投资/建投华文主要从事直接股权投资和私募股权基金业务，重点关注技术进步和消费升级两大主题，投资领域涵盖工业制造、消费品及服务、医疗健康、文化传媒。

建投投资/建投华文总部设在北京，在上海、安徽和香港均设有分支机构，目前拥有建投拓安（安徽）股权投资管理有限公司、建投文远（北京）投资基金管理有限公司、建投华业（上海）股权投资管理有限公司三家私募股权基金管理公司。

目　录

总报告

投资行业与案例篇

总报告

中国工业制造投资
分析与展望

曹曼文

一　中国工业制造转型升级新趋势

（一）中国制造发展面临的新趋势

1. 中国制造的三大趋势

在过去30余年的发展中，我国经济的高速发展和巨大的消费市场促进了制造业的高速增长，但相对应的，巨量基数成为制造业持续发展的最大阻力。随着国家进入工业化后期，社会总需求增速放缓，但市场对产品种类、层次和质量的要求不断提高，也越来越特性化。资源和环境约束不断加剧，劳动力、原材料等成本不断上升，投资和出口增速明显放缓，主要依靠资源要素投入、规模扩张的粗放型发展模式难以为继。中国制造业中的优势行业应将市场拓展至全球，在全球市场取得优势竞争地位，如仅考虑国内市场，未来增量空间较为有限。

而近两年，中国以及中国制造业所面临的政治、经济环境都有了巨大的变化。从世界范围内看，新冠肺炎疫情超预期地直接且持续改变了人们的生活方式，各国实行了前所未有的持续的宽松货币政策，国家间的对抗和竞争加剧。面对剧烈变化的国际政治、经济及卫生环境，我国的超前布局和积极应对在政治、经济及社会治理方面都取得了显著的成绩。

面对复杂多变的国内外形势，国家也继续积极布局，正式提出了数字化、绿色化的发展理念，将数字、知识、碳排放等确认为新的生产要素，明确了要逐步形成以国内大循环为主体、国内国际双循环相互促进的新发展格局的战略部署。

所以，对于中国制造业来说，数字化和智能化、"双碳"目标和绿色化、内循环建设和供应链重构是已基本明确的三个重大趋势，这将直接影响国家未来的社会治理和经济发展，以及人民的生活和消费方式。

2. 创新是政府和企业适应三大趋势的根本手段

互联网、云计算、大数据、机器智能、物联网、区块链等原创性数字化技术，在信息的采集、存储、分析和共享过程中的应用，逐渐改变了社会的互动方式。数字化、网络化、智能化的信息通信技术，使现代经济活动更加灵活、敏捷、智慧，传统行业利用数字产业的创新，提升了效率并增加了产出。

（二）数字化和智能化是未来中国经济增长的核心驱动因素

1. 数字经济的定义

随着云计算、移动互联网、大数据、人工智能等数字技术的快速创新与应用，数字经济正在成为全球经济社会发展的重要引擎。近20年来，在认识和理解数字经济的过程中，不同国家和地区、国际组织都提供了诸多见解。

总体来看，我国认为数字经济是一种以数字化的知识和信息作为关键生产要素，以数字技术为核心驱动力量，以现代信息网络为重要载体，通过数字技术与实体经济的深度融合，不断提高经济社会的数字化、网络化、智能化水平，加速重构经济发展与治理模式的新型经济形态。

2. 数字经济"四化"框架

一是数字产业化。信息通信产业是数字经济发展的先导产业，为数字经济发展提供技术、产品、服务和解决方案等。具体包括电子信息制造业、电信业、软件和信息技术服务业、互联网行业等。数字产业化包括但不限于5G、集成电路、软件、人工智能、大数据、云计算、区块链等技术、产品及服务。

二是产业数字化。产业数字化是数字经济发展的主阵地，为数字经济发展提供了广阔空间。传统产业应用数字技术带来了生产数量提升和效率提升，其新增的产出是数字经济的重要组成部分。数字经济不是数字的经济，而是融合的经济，其落脚点是实体经济，总要求是高质量发展。产业数字化包括但不限于工业互联网、两化融合、智能制造、车联网、平台经济等融合型新产业、新模式、新业态。

三是数字化治理。数字化治理是数字经济创新、快速、健康发展的保障。数字化治理是推进国家治理体系和治理能力现代化的重要组成部分，是运用数字技术，建立健全行政管理的制度体系，创新服务监管方式，优化行政决策、行政执行、行政组织、行政监督等环节的新型政府治理模式。

四是数据价值化。习近平总书记多次强调，要构建以数据为关键要素的数字经济。党的十九届四中全会首次明确数据可作为生产要素按贡献参与分配。2020年4月9日，中共中央、国务院印发的《关于构建更加完善的要素市场化配置体制机制的意见》明确提出，要加快培育数据要素市场。数据的可存储、可重用、爆发增长、海量集聚等特点，使数据成为实体经济数字化、网络化、智能化发展的基础性战略资源。数据价值化包括但不限于数据采集、数据标准制定、数据确权、数据标注、数据定价、数据交易、数据流转、数据保护等流程。

3. 数字化趋势下制造业转型升级的可能发展路径

对传统制造业改造和升级的目的是形成规模优势，从而提高生产效率，形成创新驱动以提高制造业附加值。因此，中国制造业产业转型升级可能有很明显的路径依赖：农业、传播服务业等产业进一步工业化，而工业进一步自动化以实现连续化生产和精细化管理。在此基础上，各产业充分利用数字技术，实现数字化和虚拟化，并通过网络的介入，实现远程控制和数据云化，以推动数据价值化。以解决问题为导向，制造业企业将实际运营中包含的人类智慧抽象化和算法化，再充分利用大数据和云计算，通过创新推动产业的智能化，进而创造附加价值。

（三）"双碳"目标下绿色能源革命是中国经济增长的目标与动力

1. "双碳"相关概念的提出

2020 年 9 月 22 日，习近平总书记在第七十五届联合国大会上提出："中国二氧化碳排放力争于 2030 年前达到峰值，努力争取 2060 年前实现碳中和。"党的十九届五中全会明确了把碳达峰、碳中和作为"十四五"时期和 2035 年生态文明建设的目标。2021 年 3 月 15 日，习近平主持召开中央财经委员会第九次会议，进一步强调要把碳达峰、碳中和纳入生态文明建设整体布局。

2. 绿色能源趋势下制造业转型升级的可能发展路径

"双碳"目标的实现绝非一朝一夕的事，它代表了中国对世界的承诺，代表了我国对经济发展模式的重新思考和重新塑造，这对国家治理和社会运行的影响将会是广泛且深远的。无论是政府的治理模式、企业的成长模式抑或是个人的生活方式，都会发生巨大的变化。在保持国内社会、政治、经济平稳运行的前提下，产业结构、能源结构、经济结构的调整将给政府的执政能力带来巨大的挑战。

从目前国家发布的纲领性文件和执行框架来看，我国对"双碳"目标的实现进行了深思熟虑的规划和任务分解。总结下来，我们认为至少需从节能提效、建立健全碳排放机制、加大低碳能源利用以及发展碳中和产业这四个方面着手。在"双碳"承诺目标的压力下，各方面很可能会采用同步并行的方式，通过自上而下统筹规划，达到多点发力的效果，旨在加快建设以碳排放为核心、能源配给为抓手的发展权控制体系，以实现"双碳"目标下中国经济新发展模式的转变。

（四）内循环背景下制造业产业链重构将迎来机遇

1. 内循环概念的内涵

内循环是指国内的供给和需求形成循环，外循环则是指国内与国际产业链的供给和需求形成循环。从经济增长的"三驾马车"来理解，外贸是外循环，投资和消费是内循环。这意味着，未来外贸可能不再是增长的核心来源，我国经济的增长源会回归至国内的投资和消费。

从理念上讲，内循环是通过提升国产技术和完善产业供应链，改变受制于人的局面；通过激发和扩大内需，弥补外部需求的疲软和不足，减轻外部需求波动对国内宏观经济造成的冲击，提高经济运行效率，缓解居民消费的后顾之忧，释放消费需求空间。

内循环要求我们着力发展自己的优势，在能够获得优势的环节尽可能多地取得进步，从而在全球化的交易过程中获得相应的市场地位和利润。同时依然需要继续扩大对外开放，继续维持或者争取在相应领域的相对优势地位。

2. 国内制造业升级的三个主要趋势

制造业是指对制造资源（物料、能源、设备、工具、资金、技术、信息和人力等），按照市场要求，通过制造过程，转化为可供人们使用和利用的工业产品与生活消费产品的行业。服务业是生产和销售服务产品的生产部门和企业的集合。服务产品与其他产业产品相比，具有非实物性、不可储存性、生产与消费同时性等特征。制造业和服务业的本质区别在于制造业提供的产品是有形的，服务业提供的产品大多是无形的；制造业属于产品导向型，服务业属于活动导向型；制造业是以产品为中心组织运作，而服务业则是以人为中心组织运作。

在当前国内物质文明已经发展到较高水平的背景下，从人的需求角度看，制造业生产实物产品，是满足人的需求的物质基础，服务业则是满足人的高端需求的必然选择。制造业未来必须融合服务业，客户购买产品后的市场服务则是制造业升级以及发展高附加值业务的必然选择。可以说，未来的制造业一定会融合服务业，而未来的服务业也一定会融合制造业。因此，制造业过去注重产品，未来即便是面向工业客户，也会更注重体验和服务。制造业的企业过去主要依赖量的增长实现盈利能力的提升，未来将主要依靠产品和服务结构的调整来实现。

制造业向中高端升级，可能会带来三个主要趋势。

第一，通过自主研发推动产品结构升级。低端的产品逐步实现国产化以后，由于国际市场竞争激烈以及发达国家对先进技术的控制，我国企业很难直接通过购买的方式获得中高端技术，只能在研究低端技术的基础上，通过长期投入、持续积累，借助自主研发和持续创新实现技术突破，推动产品结构向中高端升级。

第二，标准件中技术含量高的部分与绝大部分非标准件的国产化率提高。所谓的低端一般是指产品可以执行和实现基本功能，但在更高标准的参数、耐用水平及定制功能等方面存在落后、不足或缺失。对于低端量产来说，国内厂商通常掌握一些大重量、低技术含量的标准件的生产技术，而那些具有控制性、功能性以及关键细节性的零部件的生产技术，往往把控在国外厂商手中，国外厂商由此实现了高收益的垄断。因此，国外厂商把控的关键零部件中，主要包括了标准件中技术含量高的部分以及绝大部分非标准件，而近几年的中高端关键零部件国产化，也主要集中在这两类上。

第三，在其他部件国产化后，最大的成本压缩空间就在于两类零部件技术升级的三个方向。国外厂商所把控的标准件中技术含量高的部分以及绝大部分非标准件的技术，为国内厂商技术追赶和升级指明了三个方向：大尺度和重量部件的超大型化、精密尺度和重量部件的超小型化以及非标准部件的精密加工。

制造业升级必然带来非标产品需求提升，核心和关键零部件的进口替代是提高盈利能力的必然选择，后市场服务属于增量市场，属于制造业升级必选的高附加值业务方向，成套设备集成是核心竞争力的基本要求。

3. 制造业业绩增长的驱动力从量的增长转变至盈利能力的提升

巨大的存量市场基数限制了制造业和制造业企业的成长，它们只能通过开拓国际市场及提升盈利能力来支撑业绩增长，通过产品创新、产品升级和业务结构优化等方式来提升盈利能力，通过生产效率的提高来控制成本。

企业总体盈利能力的提升，可以分为两个方面：其一，在国内标准主机大存量基数的前提下，通过现实可选路径达到量的增长，包括：设备成套集成供应；竞争格局改善（市场出清）；开拓国际市场，扩大产品的销售市场范围。这些路径的选择必然要求企业具有全球范围的产品竞争力和以技术研发为核心的创新竞争力。其二，在国内各类生产要素成本上升的压力下，通过现实可选路径达到盈利能力的提升，包括：业务结构调整和升级，研发和推广新产品；降本提效，进口替代，智能化改造。这些路径必然要求中国的制造业产品的竞争力由成本和配套优势向技术和研发优势转变。

二　制造业转型升级下有潜力的投资细分领域

（一）数字化和智能化趋势下的新基建投资机会

1. 5G 通信基础产业链

5G 具备三大应用场景：增强移动宽带、海量物联网通信、超高可靠性与超低时延业务。5G 技术在数据传输速率、移动性、传输时延及终端连接数量等方面的优势，将进一步推动万物互联。

（1）PCB 板块

5G 时代下，为满足短距离的高速高频运输目标，印刷电路板（Printed Circuit Board，PCB）技术的要求进一步提高，5G 基站及终端使用的 PCB 材料价值量更高，5G 手机的射频前端更加复杂。为减少射频通路占用手机的空间，促进 PCB 向小型化和模块化发展，高密度互连板（High Density Interconnector，HDI）与类载板（Substrate-like PCB，SLP）将会共存，相关终端行业标的有望获得更大市场空间。

（2）光通信板块

数据流量的高速增长推动了光线缆、光器件、光设备等行业快速发展。结合光通信细分领域的市场规模、市场增速、竞争格局，光通信行业的投资机会从大到小依次是光模块、光设备、光器件、光线缆。

2. 泛半导体产业链

（1）半导体国产化设备和材料

贸易摩擦背景下，国内半导体设备厂商进口替代加速，我们看好具备国际竞争力的半导体核心设备、关键零部件和耗材供应厂商。

（2）第三代化合物半导体

碳化硅（SiC）材料有望取代绝缘栅双极型晶体管功率模块（IGBT）成为新能源车的最佳选择。国产厂商碳化硅产业布局与国外厂商相差不多，新能源车国内产能优势明显，有利于推动成本下降、扩大新能源车领域的应用以形成良性循环。

3. 智能化应用产业链

（1）工业互联网

我国自 2012 年 12 月提出"要深入实施工业互联网创新发展战略"，可见工业互联网产业的意义不亚于新能源汽车。国家对于工业系统的升级改造诉求强烈，万亿级市场空间充足，5G 将真正满足工业现场复杂、多场景的需求，海量传感、边缘计算和工业云等都将会在 5G 的推动下加速发展。

（2）泛在电力（特高压）物联网

我国是世界上唯一一个将特高压输电项目投入商业运营的国家，早在1986年，我国就已开始特高压的建设工作。以特高压为代表的电网硬件投入是电网早期投资的重要方向之一，时至今日，电力物联网成为当前电网投资的主线方向，我们认为，未来国家将逐步推进电网向信息化、智能化、物联网化的方向发展。

（二）"双碳"背景和绿色化趋势下的低碳绿色能源革命投资机会

1. 低碳新能源利用设备产业链

从国内来看，在国家政策的支持下，风电和光伏在整个能源中的占比有不断提升的态势。

（1）光能和风能利用产业链

随着全球绿色能源革命进程超预期进行，碳排放已经成为全球竞争的核心话语权之一。全球能源的绿色化趋势逐步明确，国内"双碳"目标的确立也使得市场对未来风光装机的需求预测更为乐观。

美国总统拜登承诺2030年美国要实现无碳电力，2050年实现碳中和。2021年以来，美国持续推出重磅政策，导致美国新能源市场确定性增长。美国总统拜登的新能源刺激法案覆盖范围包括新能源发电和新能源汽车行业，针对新能源发电行业，相关法案首次细化了每度电的补贴金额。美国进口组件基本来源于中国企业，中国光伏企业有望受益于美国政策，目前中国出口到美国的光伏组件，以东南亚工厂生产为主，随着中美贸易关系缓和，未来中国组件龙头公司有望直接在美国建厂。光伏相较于风、电和电动车而言，更能直接受益于美国政策红利。此外，随着贸易冲突的减缓，欧美有望继续加码风光政策，继续积极加大风光投资。

（2）氢能利用产业链

全国已有 11 个省区市对氢能产业做出明确的定位与计划，这标志着氢能产业规划已经逐步进入国家顶层设计阶段。得益于燃料电池产业链的国产化，燃料电池成本与售价正在迅速下降，这将进一步加快燃料电池应用到交通、储能、发电等领域的步伐。因此，预计未来几年内，氢能和燃料电池产业链技术将高速发展，成本大幅降低，并且逐步实现商业化应用。

（3）核能利用产业链

国内核电在 2019 年开工重启，2020 年底华龙一号首台机组商用投运，以青岛高温气冷堆为代表的四代核电计划于 2021 年底商用，甘肃核产业园建设顺利推进，核能利用产业链持续受益。在"双碳"大背景下，核电作为必选的载荷发电方式，其重要性必然提高，发展速度有望加快。

2. 储能产业链

常见的储能技术包括电化学储能和机械储能两大类。电化学储能作为增长最快的细分领域，受到了极大的关注，而默默担当大任的机械储能也已悄然迎来发展的拐点，值得投资者及各界人士深入关注。

图1 储能技术分类

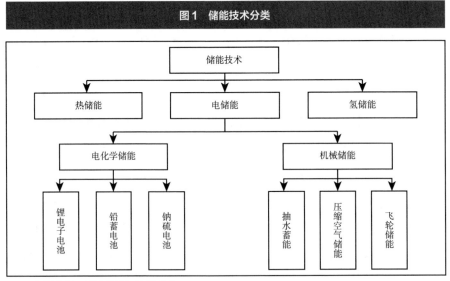

资料来源：派能科技招股说明书。

（1）电化学储能产业

受益于动力系统的电动化趋势及新能源发电中风光装机占比的提升，市场对动力电池和储能电池的需求大幅增长，两者目前已逐步进入小批量放量阶段，实际商用落地指日可待。

（2）其他储能产业

其他储能产业包括抽水储能、压缩空气储能、储冷储能、储热储能等。虽然抽水蓄能对大多数人来说是陌生的领域，但它并非新兴技术。抽水蓄能作为世界上最早的大容量储能技术，从20世纪中期起就被大量运用，发展至今，逐渐成为全世界应用最为广泛的储能技术。

未来，以风电、光伏为主要电力来源，配合抽水蓄能、特高压、智能电网等技术，人类可以用较为经济的成本支撑起以可再生能源为主的新型电力系统。

投资行业与案例篇

光伏行业研究及投资案例分析：
晶澳科技

王 粟

一 行业分析

（一）光伏发电技术基础——硅是最主流的光伏材料

光生伏特效应（Photovoltaic Effect，简称"光伏效应"）是指半导体在光照下，光子（Photon）携带的能量被半导体材料内部的电子吸收，激发电子摆脱共价键束缚，脱离原稳态，产生电子—空穴载流对，电子和空穴的定向移动在材料内部形成电势差（Electric Potential Difference）的现象，通过捕获该电势差，可将光能转化为电能，即光伏发电。

可以实现光伏效应的主流半导体材料为 II-VI 族化合物半导体材料，包括硅（单晶硅、多晶硅、非晶硅）、碲化镉（CdTe）、铜铟镓硒（CuInGaSe，CIGS）、砷化镓（GaAs）等。

除传统光伏材料外，电解液染料敏化电池、有机物电池、钙钛矿电池等也吸引了市场研发者的目光，但受各种因素限制，这些电池的商业应用前景尚不明朗。

由于硅储量丰富，加之晶体硅的光电转化效率较高、加工工艺明确，未来一段时间内，其仍将是最主流的光伏材料。

（二）光伏产业链分析

1. 主产业链

光伏主产业链总体上可分为硅料、硅片、电池片、光伏组件制备和光伏发电系统及应用产品构成环节。

硅料制备环节是光伏主产业链的起点，主要是将工业硅提纯为太阳能级多晶硅料，多晶硅料经过加热、融化、拉晶或长晶等一系列工艺被制成硅棒，再经过开方、切片即得到硅片；对硅片进行元素的掺杂扩散、丝网印刷等之后，即得到电池片；将电池片与玻璃、边框等辅材共同进行加工，便制成光伏组件；光伏组件配合逆变器等构成了光伏发电系统及应用产品。

2. 辅材：光伏支架及玻璃

光伏支架是指对光伏电池片组件形成支撑的部件。考虑到传统支架角度固定，无法根据昼夜交替和四季变换来调整硅片与太阳照射区域间的角度，光伏支架便应运而生。光伏跟踪支架可对太阳照射方向进行跟踪，有助于有效减少太阳能损耗，发电量增益可达到25%。

2020年，我国光伏跟踪支架市场渗透率仅为18.7%，远低于美国（70%）和世界平均水平（30%），NEXTracker和Array Technology两家美国公司在2020年全球光伏跟踪支架市场的占有率合计接近50%。

光伏电池片的盖板由光伏玻璃制成，其属于特种玻璃，核心性能标准为具有对太阳能电池光谱响应波长范围（380~1100nm）的高透光率、对1200nm红外光的高反射率，并能起到防尘、隔热等辅助效果。光伏玻璃的生产方式具有连续性，产能建设周期长（一般需要2年），重资产属性强（1000t/d的产能需要近10亿元的投资），市场需求随组件开工率而呈现月度波动，导致库存和价格波动较大，龙头厂家每平方米的生产成本为17~18元，较小规模厂家低2元/米^{2}以上，此成本优势保证龙头厂家可以在行业价格波动时仍能坚定扩产并持续提升市场占有率，夯实领先优势。

在光伏"降本提效"的驱动下，2020年，29.7%的光伏电池片组件采用双面结构，即正反两面均使用玻璃封装，这样的话，组件背面也能吸收环境反射的太阳光线。相较于背面使用背板封装的传统单面组件，这样可以显著提升发电效率。

3. 采用一体化模式有助于构建成本优势

硅料、硅片、电池片与光伏组件制备是光伏主产业链的环节。就光伏组件生产企业而言，其商业模式可分为电池与光伏组件一体化模式，硅片、电池与光伏组件一体化模式等。

整体而言，光伏行业处于公开竞争的环境，市场价格清晰透明。通过垂直整合，一体化企业能够最大限度地压缩成本，与专业组件厂家相比，单瓦成本平均低 0.04~0.21 元。

以 2021 年为例，在上游硅料和大宗商品价格上涨的情况下，光伏组件整体价格出现较大幅度的波动，独立电池生产厂家和组件生产厂家的利润受到显著影响，但一体化企业仍能通过对产业链整体成本的控制，维持一定的盈利能力。

（三）光伏主产业链竞争格局

1. 硅料

在我国光伏产业发展初期，多晶硅主要依赖进口。而到了 2015 年，中国多晶硅产量已经超过全球总产量的一半；2020 年，中国多晶硅产能为 45.7 万吨，产量为 39.6 万吨，分别占全球的 75% 和 76%，彻底改变了过去太阳能级硅材料受制于人的局面。

多晶硅制备环节具有资金密集、高载能、扩产周期长、壁垒明显等特征，导致行业集中度高。2020 年，我国多晶硅制备环节 CR5 的市场占有率高达 87.5%，5 万吨及以上产能企业有 5 家，分别为协鑫科技、通威股份、新特能源、新疆大全和东方希望，合计产能超过 30 万吨。[①] 未来，该行业的头部集中度有望进一步提升。

从图 1 可以看出，作为大宗商品，硅料价格呈现周期性变化。

2021 年，多晶硅供需处于紧平衡状态，硅料价格持续上涨，从 2021 年 1 月的 90 元/千克上涨至 2021 年 11 月的 272 元/千克，最高时涨幅超过 200%。

---

① 董瑞华：《观点研究丨高增速成熟赛道，重在挖掘结构性机会——光伏行业股权投资分析》，澎湃新闻，2022 年 2 月 9 日，https://www.thepaper.cn/newsDetail_forward_16637874。

由于多晶硅龙头厂商后续扩产，伴随多晶硅产能的逐渐释放（见图2），预计硅料价格会在2022年逐步回落，到2023年则会有较大幅度的回调。

图1　硅料价格走势

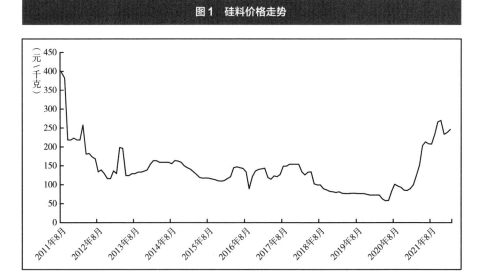

资料来源：建投投资/建投华文根据 Wind 资料整理。

图2　中国多晶硅龙头厂商产能

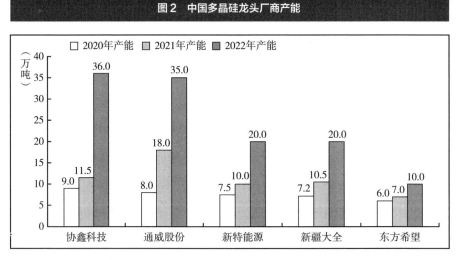

注：2022年产能数据为预测数据。

资料来源：建投投资/建投华文根据 Wind、券商研报、行业专家访谈等资料整理。

2. 硅片

单晶硅片占据硅片市场主流地位，已经实现对多晶硅片的全面替代。多晶硅料经过加热、融化、拉晶或长晶等一系列步骤，可以制成单晶硅棒或者多晶硅锭，再经过开方、切片即得到单晶硅片或多晶硅片。单晶硅片的晶体品质、机械和电学性能均优于多晶硅片，但工艺更为复杂。因此，在光伏行业发展初期，基于价格优势，多晶硅片占据了市场主流地位。伴随单晶硅片技术的不断成熟和发射极及背面钝化电池（Passivated Emitter and Rear Cell，PERC）技术的广泛应用，单晶硅片的市场占比不断提升，截至 2020 年底，单晶硅片的市场占有率超过 90%[1]，已实现对多晶硅片的全面替代。2017~2020 年全球单晶硅片产量与产能见图 3。

中国目前处于世界光伏硅片生产的绝对领先地位，截至 2020 年底，全球光伏硅片总产能约为 247.4GW，产量约为 167.7GW[2]，中国光伏硅片产能约为 240GW，产量约为 161.3GW，占全球的比例分别为 97% 和 96%，排在全球光伏硅片产量前 10 的企业均为中国企业，其中排在前 5 的企业（隆基股份、中环股份、晶科能源、晶澳科技、上机数控）的产能均超过 10GW，合计占全球的比例接近 80%（见图 4）。其中，隆基股份和中环股份更是在全球范围内形成"双寡头"格局，合计产能达到 140GW。

采用大尺寸硅片技术是光伏行业发展的趋势。光伏行业正在大踏步迈向以 182mm 和 210mm 为典型代表的大尺寸硅片和高功率组件时代。大尺寸硅片可以增加制造通量，降低硅片、电池片和光伏组件的制造成本。210mm 硅片比 166mm 硅片的单瓦成本低 27%[3]，因此具有较强的单瓦成本竞争优势。

---

① 邱世梁、王华君、邓伟：《光伏：未来需求十年十倍大赛道！——光伏/光伏设备行业深度》，浙商证券，2021 年 9 月 5 日，第 19 页。

② 邱世梁、王华君、邓伟：《光伏：未来需求十年十倍大赛道！——光伏/光伏设备行业深度》，浙商证券，2021 年 9 月 5 日，第 19 页。

③ 《中环股份：硅片 210 对比 182 单瓦成本低 14%、对比 166 单瓦成本低 27%》，每经网，2021 年 12 月 14 日，http://www.nbd.com.cn/articles/2021-12-14/2040014.html。

图3 2017~2020年全球单晶硅片产量与产能

资料来源：建投投资/建投华文根据券商研报、光伏见闻、中国光伏行业协会的资料整理。

图4 2020年全球主要光伏硅片生产商产能

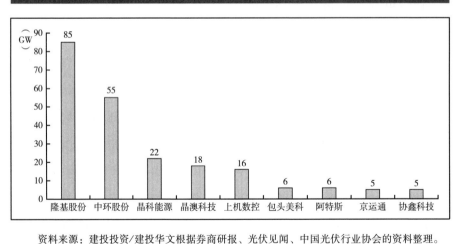

资料来源：建投投资/建投华文根据券商研报、光伏见闻、中国光伏行业协会的资料整理。

3. 电池片

电池片是光伏发电系统的核心结构，行业整体集中度较低，竞争激烈，2020年，国内五大龙头电池片生产企业（隆基股份、通威股份、爱旭股份、晶澳科技、天合光能）的产能为12~30GW（见图5）。

2020 年，全球电池片产能约为 245GW，其中，中国产能约为 234GW。2021 年，头部企业完成了电池片的产能扩展。2021 年末，全球电池片产能约为 341GW，其中，中国产能约为 284GW。预计到 2022 年底，全球电池片产能将达到 439GW，其中，中国产能将达到 384GW。[①]

电池片核心技术指标为光电转化效率，受晶体结构限制，硅材料存在理论最高转化效率（29.43%）。[②] 因此，不断促进技术进步和工艺升级、提升光电转化效率、降低制造成本是电池片技术的发展趋势。

图 5　2020 年我国龙头电池片生产企业的产能

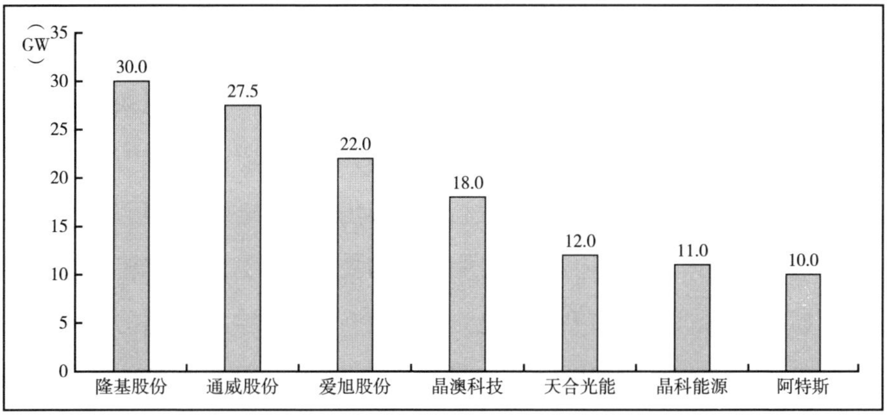

资料来源：建投投资/建投华文根据券商研报整理。

发射极及背面钝化电池最早是由澳大利亚科学家 Martin Green 于 1983 年提出的。氧化铝具备较高的电荷密度，对 P 型硅表面的悬挂键有良好的钝化效果，能够大幅度减少光生载流子在 P 型硅表面的复合。

TOPCon（Tunnel Oxide Passivated Contact）电池，是一种基于选择性载流子原理的隧穿氧化层钝化接触太阳能电池，其具有 N 型硅衬底电池结

---

①　贺朝晖、吴程浩：《电力设备与新能源行业 2022 年度策略报告——将成长进行到底》，国联证券，2021 年 12 月 27 日，第 42 页。

②　《长文解读光伏电池片技术路线及产能》，网易，2022 年 7 月 4 日，https://www.163.com/dy/article/HBEA4JI205532RZ6.html。

构：通过在电池背面制备一层超薄氧化硅，并沉积一层掺杂硅薄层，二者共同形成钝化接触结构。这有助于减少表面复合和金属接触复合，为进一步提升光电转化效率提供了更大的空间。

HJT（Hereto-junction with Intrinsic Thin-layer）电池，又称异质结电池，同样具有 N 型电池结构：在晶体硅上沉积非晶硅薄膜。通过引入非晶硅薄膜，硅异质结太阳能电池的晶硅衬底前后表面实现了良好的钝化。异质结电池的优势为具备更高的发电能力。此外，它还具有效率高、低光衰、温度系数低、弱光响应强等诸多优势。

IBC（Interdigitated Back Contact）电池，又称全背电极接触晶硅光伏电池，它将 PN 结和金属接触都设于太阳能电池的背部，而面朝太阳的电池片正面呈全黑色，完全看不到多数光伏电池正面呈现的金属线，在提升美观度的同时，最大限度地利用入射光以减少光学损失，同时增加有效发电面积，增加短路电流，并最终提高光电转化效率。

目前，PERC 技术是生产电池片采用的主流技术，其光电转化效率较上一代常规铝背场电池（BSF 电池）显著提升，即在工艺成熟的同时也提高了性价比。2020 年，PERC 的市场占有率达到 86.4%。[①] 2021 年，头部企业 PERC 的光电转化效率已提升至 23.5%，而 HJT 电池技术的提升还需设备商的协同发展和供应链的配套支持。

4. 光伏组件

光伏组件制备位于光伏主产业链末端，市场竞争较为激烈，头部企业集中趋势明显。中国光伏行业协会（CPIA）的数据显示，2017 年，中国光伏组件制备环节 CR5（隆基股份、晶科能源、天合光能、晶澳科技、阿特斯）的市场占有率为 38.4%[②]；2020 年已提升至 64.5%（见图

---

① 邱世梁、王华君、邓伟：《光伏：未来需求十年十倍大赛道！——光伏/光伏设备行业深度》，浙商证券，2021 年 9 月 5 日，第 22 页。

② 邱世梁、王华君、邓伟：《光伏：未来需求十年十倍大赛道！——光伏/光伏设备行业深度》，浙商证券，2021 年 9 月 5 日，第 24 页。

6），合计销量为 86.4GW。各大企业正在积极推动高功率组件发展。2020 年 7 月，东方日升、天合光能、晶澳科技等 39 家公司联合推动成立"600W+光伏开放创新生态联盟"。光伏行业正在大踏步迈向高功率组件时代，基于大尺寸硅片的"500W+"和"600W+"高功率组件已经成为现实。

图6 2017~2020 年中国光伏组件制备环节 CR5 的市场占有率

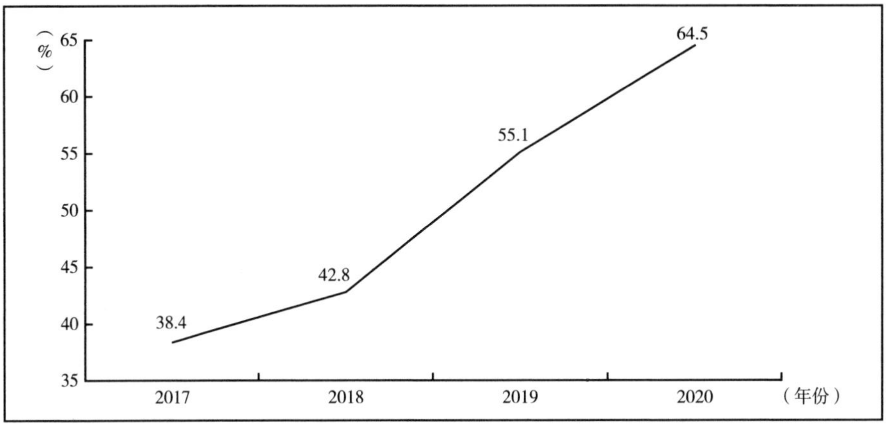

资料来源：建投投资/建投华文根据券商研报、PV InfoLink、中国光伏行业协会资料整理。

与此同时，由于光伏主产业链存在一定的价格传导机制，2021 年，上游硅料涨价带来的成本压力逐级传导至组件厂商，而终端用户受到下游长期供电协议（Power Purchase Agreement）价格的限制，很难应对组件销售价格大幅上涨这一情况。因此，组件厂商的盈利能力波动最大，其受到上游原材料价格上涨的显著影响。

光伏组件的发展趋势主要为双面组件和半片封装。双面组件是指背面可以吸收环境反射的太阳光线的组件，优势在于可以提高发电功率，降低单位发电成本，2020 年末，双面组件的市场占有率约为 30%。[1] 半片封装

---

① 邱世梁、王华君、邓伟：《光伏：未来需求十年十倍大赛道！——光伏/光伏设备行业深度》，浙商证券，2021 年 9 月 5 日，第 25 页。

是指沿着垂直于电池主栅线的方向将电池片切成尺寸相同的两个半片电池片，优势在于可以有效提升光电转化效率，2020年末，半片封装的市场占有率达到70%。

（1）组件成本结构

光伏电池片的单片发电量有限，需将其串联和封装为组件，这样才能作为电源使用，因此，光伏组件是可以单独进行直流电输出的最小的不可分割的太阳能电池装置。

光伏组件主要包括电池片、互联条、汇流条、钢化玻璃、EVA、背板、铝合金、硅胶、接线盒等九大核心部分，其中电池片为硅产品，其他辅材为非硅产品。

从成本结构看，电池片成本为光伏组件中成本占比最大的部分。电池片由硅片经过扩散、掺杂、丝网印刷加工而来，伴随着单晶硅片制备工艺升级及形成规模效应，电池片成本占比由2010年的90%逐渐下降至2020年的40%（见图7）。受到硅料涨价影响，2021年第二、三季度，电池片成本占比一度回升至50%以上。从2021年11月起，硅料价格开始回落，且隆基股份、中环股份等电池片生产商纷纷下调电池片售价，电池片成本占比再次回落至50%左右。

（2）组件企业的全球竞争力

我国光伏新增装机容量已连续7年居全球首位，累计装机容量已连续5年居全球首位。全球累计组件产量超过700GW，其中，我国累计产量近500GW。根据索比咨询于2021年1月发布的光伏组件企业全球出货量榜单，隆基股份、天合光能、晶澳科技等中国光伏组件企业的出货量合计约为160GW。IHS Markit和彭博新能源财经（BNEF）预测，2021年，全球光伏新增装机容量超过180GW①，中国企业出货量占比预计超过80%。

---

① 《IHS Markit：预计2021年国内光伏新增装机60GW，全球新增180GW以上》，搜狐网，2021年4月2日，https：//www.sohu.com/a/458566583_ 418320。

图7　电池片成本占光伏组件成本的比例

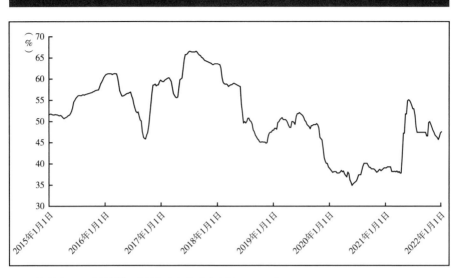

资料来源：建投投资/建投华文根据券商研报、Wind整理。

根据国内龙头光伏组件企业披露的信息，2021年上半年，海外收入占比基本超过50%，晶科能源的海外收入占比超过80%（见图8）。

图8　国内龙头光伏组件企业及平均海外收入占比

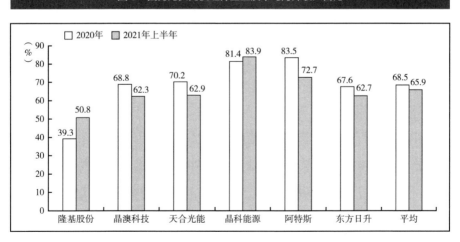

资料来源：建投投资/建投华文根据龙头光伏组件企业的披露信息整理。

5. 产业链利润水平

综合来看，光伏主产业链各环节的价值分配主要由两大因素决定，分别是竞争格局和供需状况。越靠近上游，行业集中度越高，供给方的话语权越强；越靠近下游，价格传导能力越弱。因此，整体而言，光伏主产业链中的盈利能力顺序为：硅料>硅片>电池片>光伏组件。

6. 产业链各环节的产品价格变化趋势

就产业链整体角度而言，上游硅料价格波动会在硅片、电池片、光伏组件端逐级传导，越靠近下游，吸收能力越差。2021年11月后，伴随硅料产能释放，硅料、硅片、电池片、光伏组件价格均有所回落，光伏组件价格从2021年末的2.1元/瓦下降至1.9元/瓦。[①]

（四）中国光伏企业的全球化布局

对于我国光伏行业而言，我国的制造规模、技术水平、应用市场拓展、产业体系建设等方面均居全球前列。在政策引导和市场需求的双轮驱动下，光伏行业经过十几年的发展，已经成为我国达到国际领先水平的战略性新兴行业，是推动我国能源变革的重要引擎，发展光伏行业是实现我国"双碳"目标的重要举措。

我国在超过20个国家或地区建厂（涉及硅片、电池片、光伏组件、逆变器、光伏玻璃等），产品出口至近200个国家或地区。

中国光伏行业已在全球拥有绝对话语权。2020年，中国多晶硅产量占全球产量的76%，硅片产量占全球产量的96%，电池片产量占全球产量的82%。多晶硅产量连续9年居全球首位，光伏组件产量连续13年居全球首位，四个环节的产量在全球的占比超过2/3。同时，供应链各环节基本实现自主可控。我国光伏专用设备市场规模达到250亿元，占全球市场的

---

① 数据来源于Wind数据库。

71.4%，逆变器、胶膜、玻璃、支架、边框等基本实现国产化。

2021 年，我国硅片、电池片、光伏组件出口总额创历史新高，达到 284.3 亿美元，同比增长 43.9%（见图 9）。[①]

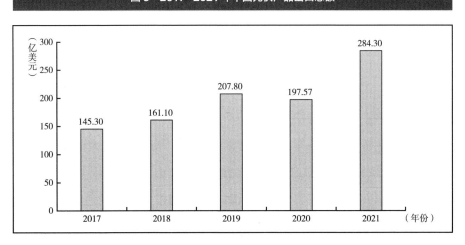

图 9　2017~2021 年中国光伏产品出口总额

资料来源：建投投资/建投华文根据中国光伏行业协会资料整理。

（五）光伏行业政策支持

1. "双碳"目标上升为国家战略，列入"十四五"规划

2020 年 9 月 22 日，习近平主席在第七十五届联合国大会一般性辩论上的讲话指出："应对气候变化《巴黎协定》代表了全球绿色低碳转型的大方向，是保护地球家园需要采取的最低限度行动，各国必须迈出决定性步伐。中国将提高国家自主贡献力度，采取更加有力的政策和措施，二氧化碳排放力争于 2030 年前达到峰值，努力争取 2060 年前实现碳中和。"

2021 年 3 月 15 日，习近平总书记在中央财经委员会第九次会议上强

---

① 《王勃华：2021 年我国硅片、电池片、组件出口创历史新高》，北极星太阳能光伏网，2022 年 2 月 23 日，https：//guangfu.bjx.com.cn/news/20220223/1205998.shtml。

调："实现碳达峰、碳中和是一场广泛而深刻的经济社会系统性变革，要把碳达峰、碳中和纳入生态文明建设整体布局，拿出抓铁有痕的劲头，如期实现 2030 年前碳达峰、2060 年前碳中和的目标。"《中共中央关于制定国民经济和社会发展第十四个五年规划和二〇三五年远景目标的建议》也明确地将"碳排放达峰后稳中有降"列入中国 2035 年远景目标。

2020 年 12 月的中央经济工作会议把"做好碳达峰、碳中和工作"列为 2021 年重点任务之一。2021 年 4 月 30 日，习近平总书记在主持中共中央政治局第二十九次集体学习时指出，"十四五"时期，我国生态文明建设进入了以降碳为重点战略方向、推动减污降碳协同增效、促进经济社会发展全面绿色转型、实现生态环境质量改善由量变到质变的关键时期。

2021 年 10 月 12 日，习近平主席出席《生物多样性公约》第十五次缔约方大会领导人峰会并发表主旨讲话时指出，为推动实现碳达峰、碳中和目标，中国将陆续发布重点领域和行业碳达峰实施方案和一系列支撑保障措施，构建起碳达峰、碳中和"1+N"政策体系。中国将持续推进产业结构和能源结构调整，大力发展可再生能源，在沙漠、戈壁、荒漠地区加快规划建设大型风电光伏基地项目。

2. "十四五"清洁能源装机规划

碳达峰、碳中和的核心目标是推动能源结构多元化，降低煤炭、石油等化石能源的消费比例，提升可再生、非化石能源在能源供给结构中的占比。

在太阳能、风能、水能、地热能、海洋能、生物质能和核聚变能等各类新型能源中，光伏发电、风力发电是目前最为成熟、使用最为广泛的新能源应用模式。在过去的十余年中，光伏发电成本下降了 82%～90%，在绝大多数国家，光伏发电成本已经低于新增燃煤电站或天然气电站发电成本，在我国，其也已实现平价上网。

近年来，全球及我国光伏系统装机容量逐年提升（见图 10），"十三五"期间，我国新能源装机容量年均增长约 0.6 亿千瓦，增速为 32%，是全球增速最快的国家。根据国家能源局的数据,2021 年,全国全口径发电装机容量为 23.8 亿千瓦(2020 年为 22.0 亿千瓦),其中光伏发电装机容量为 3.07 亿千瓦,占比为 12.9%,较上年上升了 1.5 个百分点(2020 年为 2.5 亿千瓦)。

在"双碳"目标下,电力行业是碳减排的重点。"五大四小"发电集团均制定了详细的"十四五"清洁能源装机规划,承诺 2025 年清洁能源占比不低于 40%。平价上网后,海内外光伏装机容量预计呈现快速增长态势。

2021 年 10 月 30 日,习近平主席在二十国集团领导人第十六次峰会第一阶段会议上的讲话指出:中国"积极推进经济绿色转型,不断自主提高应对气候变化行动力度,过去 10 年淘汰 1.2 亿千瓦煤电落后装机,第一批装机约 1 亿千瓦的大型风电光伏基地项目已于近期有序开工"。

2021 年 9 月 22 日,《中共中央 国务院关于完整准确全面贯彻新发展理念做好碳达峰碳中和工作的意见》印发,明确要求到 2030 年,"风电、太阳能发电总装机容量达到 12 亿千瓦以上"。

图 10 我国光伏装机容量及未来展望

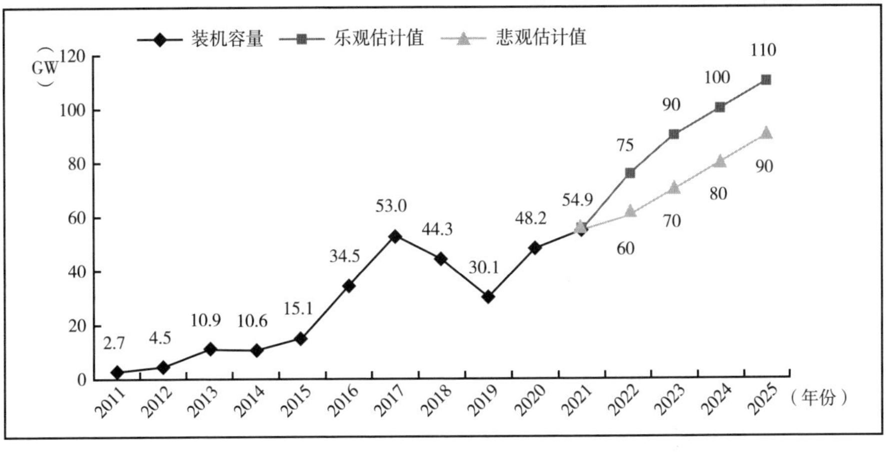

注:2022~2025 年数据为预测数据。
资料来源:建投投资/建投华文根据万联证券资料整理。

3. 全球光伏行业政策

根据国际可再生能源机构（IRENA）预测，2050年，全球可再生能源发电占比可达86%，其中光伏发电占比达25%；截至2050年，光伏累计安装量可达8519GW；未来30年，光伏将引领全球能源革命，成为全球电力的重要能源来源之一。[①]

2020年，欧盟公布了规模为7500亿欧元的复苏基金计划，"气候中立"成为重要目标之一。同时，欧洲理事会也公布了欧盟到2030年减排55%的目标。此外，英国提出了最新的国家自主贡献（NDC），承诺到2030年，在1990年的水平上至少减排68%；日本和韩国也相继公布了各自的"迈向零排放目标"；美国于2021年2月19日重返《巴黎协定》，拜登表示将寻求在2050年前实现净零碳排放。

据彭博新能源财经统计，目前，碳排放占全球42%的国家和地区已经承诺实现碳中和，此外，68个国家和地区正在讨论这方面的目标，关注碳中和问题的国家和地区的比例达到54%。[②]

与此同时，过去10年来，美国对进口光伏产品采取多项贸易限制措施。例如，美国光伏全球保障措施（201措施）于2022年2月6日到期，根据美国国际贸易委员会建议，美国政府于2022年2月4日宣布将该措施延长4年。"201条款"是美国《1974年贸易法》的第201条款，该条款允许美国国际贸易委员会启动"201调查"或"全球保障措施调查"，并允许总统实施关税、配额等措施限制进口，保护本国产业。

（六）光伏行业发展趋势

1. 一体化、多元化、巨型化布局

一体化企业通过垂直布局，最大限度压缩产业链成本，盈利的稳定性

---

① 《晶澳科技2020年年报》，Wind，2021年3月30日，第14页。
② 《晶澳科技2020年年报》，Wind，2021年3月30日，第13页。

较强，能够有效抵御产业链波动风险。同时，一体化企业的单位产能资本投入力度较大，1GW 的硅片、电池片和光伏组件所需投资在 5 亿~10 亿元浮动，且各环节生产技术、工艺和人员投入等都具有显著差异，因此，一体化企业需要对行业具备极其深刻的理解，同时拥有足够的资金储备。只有这样，它们才能够形成具备市场竞争力的垂直一体化生产模式。

从实践经验来看，业内主流的一体化企业的成立时间基本在 15~20 年，新进入者缺少历史沉淀，很难在各环节拥有领先的技术实力与成本优势。整体而言，一体化企业不存在后发优势。因此，光伏行业龙头企业目前均在向一体化、多元化、巨型化布局迈进。

2. 市场集中度提升，龙头效应明显

在国家政策大力支持、资本市场高度关注、龙头公司持续加注的背景下，光伏行业进入新一轮的扩产及产业转型升级通道。具有优秀成本控制能力、融资渠道畅通、管理经验丰富的龙头厂商在市场中的集中度进一步提升。

整体而言，光伏组件制备环节 CR5 的出货量逐年增加，市场更加集中，隆基股份、晶科能源、天合光能、晶澳科技、阿特斯处于第一梯队，龙头效应显著，而尚德、中利腾晖、First Solar 等企业出货量提升不大。

3. 寻找穿越周期的龙头企业

自 20 世纪 90 年代至今，光伏行业经历了 2008 年全球金融危机、2012 年美欧"反补贴""反倾销"、2018 年"5·31 新政"等多次行业周期变革，很多企业在"大浪淘沙"中逐渐淡出市场。初期光伏"四小龙"（尚德、英利、赛维、晶澳科技）中只有晶澳科技一家继续处在行业第一梯队之中，因而在行业投资中需要注意寻找能够穿越周期的龙头企业。

4. 重视政策周期分析

2020 年以前，光伏发电成本高于燃煤发电，其只有依赖补贴才能具备一定的经济性。因此，光伏行业的政策周期主要是补贴的发放与退坡周期。以 2018 年"5·31 新政"为例，其核心是降低纳入新建设规模范围的光伏发电项目的标杆电价和补贴标准，这导致光伏行业受到较为明显的冲击。

伴随技术进步、产业链国产化与规模效应的不断提升，光伏组件产品的单瓦成本快速下降。2020年被认为是光伏平价上网的元年，即对于大型集中式光伏电站而言，即使在不享受任何补贴的情况下，光伏发电成本也已和燃煤发电成本持平。2021年后，缺煤、缺电现象频发，煤炭价格快速上涨，电价上涨的呼声也越来越高，光伏发电的经济性更加明显。因此，在摆脱补贴依赖、实现平价上网之后，光伏行业的核心驱动力已由政策补贴转变为市场需求。

二　投资案例分析：晶澳科技

晶澳科技（股票代码：002459.SZ）是A股领先的一体化组件生产制造企业、全球光伏组件一体化龙头之一。

晶澳科技前身为宁晋晶龙中澳太阳能发展有限公司，由晶龙集团与澳大利亚光电科学工程公司于2005年共同设立，2007年在美国纳斯达克上市。受美国市场低估值影响，其于2017年启动私有化程序，在2018年7月完成私有化退市，并于次年借壳天业通联实现A股上市。

晶澳科技成立初期，通过生产单晶硅片及光伏电池片实现快速市场切入。从2010年起，其相继在江苏连云港和上海奉贤成立硅片和光伏组件生产基地，沿上下游进行延伸，形成了"硅片→电池片→光伏组件"的垂直一体化生产模式。

晶澳科技凭借持续的技术创新、稳健的财务内控、全面的管理架构和遍及全球的销售服务网络，历经美欧双反、单多晶硅片路线选择等行业波动，始终坚持稳健经营理念，备受国内外客户认可，并多次荣登《财富》中国500强和"全球新能源企业500强"榜单，常年居全球光伏组件出货量前三名。

太阳能电池组件是晶澳科技的核心产品，营收占比在90%以上。2018～2020年，晶澳科技营业收入连续三年保持增长，复合年增长率为14.7%。海外市场方面，晶澳科技在海外设立了13个销售公司，销售服务网络遍布全球 135 个国家和地区。

截至 2021 年末，晶澳科技拥有组件产能近 40GW，到 2022 年底规划组件产能超 50GW，硅片和电池片产能继续保持在组件产能的 80% 左右。

2021 年，晶澳科技实现营收 413.02 亿元，同比增长 59.8%；归母净利润为 20.39 亿元，同比增长 35.3%；扣非归母净利润为 18.47 亿元，同比增长 35.7%。2022 年第一季度实现营业收入 123.21 亿元，同比增长 77.1%；归母净利润为 7.5 亿元，同比增长 378.3%。

根据 PV InfoLink 统计，2021 年，晶澳科技电池组件出货量为 25.45GW，同比增长 60.3%，位于全球第二，其中海外出货占比为 60%，出货量连续 5 年稳居全球前三名。[①]

晶澳科技的投资逻辑主要可以从以下两个方面分析。

1. 把握光伏行业发展机遇

光伏发电是目前技术最为成熟、使用最为广泛的新能源应用模式之一，且已基本实现平价上网。在全球主要经济体制定"碳中和"政策的支持下，未来，全球光伏新增装机规模五年复合年均增长率为 14.96%～19.88%。光伏行业在很多国家已被认为是清洁、低碳、具有价格优势的新能源行业，不论是在欧美日等发达地区，还是在中东、南美等地区，其都在快速兴起。"碳达峰""碳中和"是我国对国际社会的庄严承诺，已上升为国家战略并列入"十四五"规划，预计，光伏行业将继续保持快速增长态势。

2. 选择光伏一体化全球龙头公司开展财务型投资

垂直一体化光伏企业掌握终端电站客户资源，可以享受全产业链利润，成本管控能力强，面对行业波动时，能够通过产业链协同抵御行业下行压力，更适于开展财务型投资。

---

① 《晶澳科技 2021 年年报》，Wind，2022 年 4 月 30 日，第 21 页。

硬质合金工业刀具行业研究及案例分析：Lamina Technologies

王枫　刘菽　程成

一　工业刀具和硬质合金工业刀具概述

在工业制造领域，工业刀具一般指机床所使用的切削刀具，是车、铣、钻、铰、镗、切断/槽、刻螺纹等加工手段的最终执行部件和必备的工业耗材。工业刀具通过直接接触工件来切除或钻除部分材料，使工件的尺寸、形状、精度和表面质量符合技术要求，而成为机床加工效率和精度的重要决定因素。

刀具用于金属工件加工的历史由来已久，我国春秋战国时代后期（约公元前 3 世纪）便已开始使用渗碳钢制刀具进行金属加工。钢制刀具曾经是金属加工刀具的绝对主流，特别是美国工程师 Frederick Taylor 和 Maunsel White 在 1898 年发明的兼具高硬度、高耐热性和高耐磨性的高速钢刀具，进一步巩固了钢制刀具的市场主导地位。

然而此后不到 30 年，德国灯具制造商欧司朗（Osram）于 1923 年通过粉末冶金手段烧结碳化钨和作为黏合剂的钴，成功开发出碳化钨合金刀具，但由于资金实力有限，后续的商业化和大规模量产分别由德国钢铁巨头克虏伯（Krupp）和美国通用电气（GE）实现。由于硬质合金工业刀具在加工金属时非常高效，使用相关加工工艺及涂层的刀具的金属加工速度较高速钢刀具可提升 1~4 倍，同时，高表面质量和高精度使硬质合金工业刀具拉开了冲击钢制刀具市场而占据主导地位的帷幕。

虽然材料技术的发展（如碳纤维增强复合材料和钛合金材料出现）、制造业提升加工效率的迫切需求，以及以碳化钨为主要成分的硬质合金所具有的天然资源属性，使硬质合金工业刀具在 20 世纪 60 年代后相继受到氧化铝、氧化硅复合陶瓷工业刀具与超硬材料（人造金刚石/立方氮化硼）工业刀具的冲击，但由于上述工业刀具在适用范围、工作环境或综合加工成本方面仍然不具备优势，加之同期物理气相沉积（PVD）和化学气相沉积（CVD）涂层在硬质合金工业刀具上的应用，硬质合金工业刀具的适用范围更加广泛，加工效率和精度进一步提升，其逐步成为目前工业刀具的主流，2018 年，全球硬质合金工业刀具消费占比已达 63%[①]。

表 1 展示了按基体材料划分的工业刀具类型及其特点。

表 1 按基体材料划分的工业刀具类型及其特点					
基体材料	种类	硬度	耐热性	价格	其他特点
高速钢	通用型钢、高生产率型钢	低	低	低	抗弯强度高，刃口强度与韧性好，抗震性强，价格便宜，易焊接，但使用年限不长。稳定性和加工效率差，其是最传统且低级的刀具，近年来逐渐被硬质合金刀具所取代
硬质合金	细、超细晶粒合金	中	较高	中	抗冲击、振动性能差，但耐磨性和性价比较高，惰性低，加工范围广，近年来这种材料被大量用在刃形简单的高速切削刀具上。这种刀具采用高硬度、难熔的金属碳化钨的微米数量级粉末与黏结剂烧结而成
陶瓷	氧化铝基陶瓷、氧化硅基陶瓷、混合陶瓷	较高	较高	较高	红硬性、耐磨性、化学稳定性较高，摩擦系数小，热导率低，但抗弯强度低、冲击韧度差。这种刀具的性价比不高且一般仅用作精加工刀具，适用范围窄。这种刀具一般以氧化铝、氮化硅等为主要成分，其中包含微量添加剂，生产时经过冷压成型后烧结而成
超硬材料	人造金刚石	最高	中	高	耐磨性高，摩擦系数小，导热性好但不耐温，韧性、抗压强度低，价格昂贵，无法加工钢铁，适用范围窄
	立方氮化硼	高	高	高	这种材料的化学性质稳定，导热性好，摩擦系数小，抗弯强度与韧性略低于硬质合金。这种刀具无法在超过 1200℃ 的高温下工作，且需要油性切削液，成本较高，对加工环境的要求更高

资料来源：建投投资/建投华文根据专家访谈资料整理。

[①] 《株洲华锐精密工具股份有限公司首次公开发行股票并在科创板上市招股说明书》，《证券时报》2021 年 1 月 27 日，第 A11 版。

根据专家访谈资料及相关研究，超硬材料工业刀具虽然有望在未来获得长足发展，但由于高速钢刀具终将由于效率问题被硬质合金工业刀具所替代，加之目前硬质合金工业刀具回收再利用的技术演进或可解决一定资源属性问题，以及 PVD/CVD 涂层技术仍在不断革新，我们认为硬质合金工业刀具仍将在较长时间内占 60%～70% 的全球市场份额，超硬材料工业刀具占 20%～30%，剩下的 10%～20% 为复合陶瓷刀具及其他新技术/新基底刀具。

二 硬质合金工业刀具行业概况

（一）硬质合金工业刀具产业链及下游应用

对于硬质合金工业刀具的制作来说，通常先将高硬度、难熔的金属碳化物（如碳化钨和碳化钛等）与黏结剂（如钴、钼和镍等）按照一定配比制成混合料，这一配比决定刀具的硬度和稳定性。之后，按照相应的槽型结构设计、制备模具，然后，压制和烧结成型，再添加用于提高使用寿命的表面涂层，这样便可制造出来硬质合金工业刀具。其中，槽型结构设计决定刀具的切削类型和效率，压制和烧结过程决定刀具的加工精度。

基于此，如图 1 所示，硬质合金工业刀具产业链可以简单分成三个环节。

上游方面，从原材料角度看，上游企业为矿业和化工企业，主要提供如碳化钨粉末、钴粉及其他相关化学试剂。由于碳化钨在硬质合金中约占 80%，我国是全球钨产量和储量居首位的国家，我国的工业刀具生产商具备一定成本优势。

从生产设备角度看，上游企业主要为各生产环节提供所需要的加工中心、烧结炉、磨床、PVD/CVD 涂层炉等。虽然五轴联动加工中心、精密磨床和高端 PVD/CVD 涂层炉等领域存在供应商数量有限的情况，如供应商所在地域仍然分散（如德国、瑞士、日本、韩国等），但是，我们认为，在中国，硬质合金工业刀具生产设备领域出现"卡脖子"问题为小概率事件。

中游方面主要为工业刀具生产商，其负责工业刀具的设计、研发、生产、销售。销售模式可分为直销和分销模式，其中，具备解决方案提供能力的企业一般采用直销模式。

下游方面，产品的应用领域十分广泛，主要可归为机床工业、模具加工、电力器械、农业机械、石化油气、汽车制造、航空航天、信息产业等领域。终端客户数量众多，地域分散度较高，各行业周期叠加可以平缓产业链面临的一定的周期性影响。

图1　以原材料为起点的硬质合金工业刀具产业链

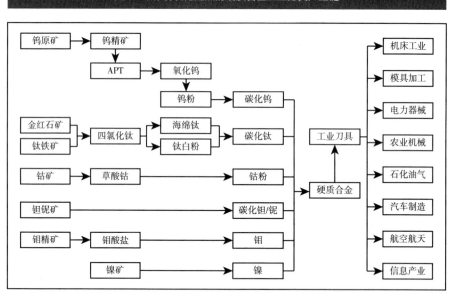

资料来源：建投投资/建投华文根据专家访谈资料整理。

从议价能力维度考量，虽然上游供给在现阶段相对充足，但由于矿业产品自身所具有的大宗商品的属性，加之供应商集中度较高，实际上，其对中游硬质合金工业刀具生产商的议价能力仍较强。对于下游渠道商甚至终端客户而言，硬质合金工业刀具生产商自身的规模和技术实力决定了硬质合金工业刀具行业中游和下游之间的议价情况。举例来说，国际化大型硬质合金工业刀具生产商，特别是在基体配方和涂层技术方面具备稀缺性的企业，在特定产品上对中等及以下规模的下游企业具有较高的议价能力，甚至有可能将自身面临的上游的原材料价格压力向下游传导。

同样，此类大型工业刀具生产商亦有能力通过利用上游协议价格调整机制、衍生品及提前囤货等手段，平抑原材料成本上涨风险。基于此，技术出众的成规模硬质合金工业刀具生产商有能力长期将毛利率维持在30%~50%。此外，这也是硬质合金工业刀具行业集中度有望进一步提升的原因，近年来，大量中小规模企业在原材料价格上涨的背景下（如2021年，65%钨精矿和仲钨酸铵价格同比上涨均超过20%[①]）面临较大压力。

（二）工业刀具行业市场规模及增长驱动因素

对于全球工业刀具市场的整体规模和增长情况，目前，国内行业研究报告多援引 QYResearch 的数据。数据指出，2021年，全球切削刀具市场销售额约为239.9亿美元，预计2022~2028年将保持约5.9%的复合年增长率，2028年的销售额达到335亿美元。需要说明的是，得到上述数据时并未按照刀具基体材料进行拆分。[②]

基于此前的研究，综合各类国际研究报告和新冠肺炎疫情相关影响，我们保守估计2021年全球工业刀具市场规模为200亿~210亿美元，其中硬质合金工业刀具市场规模为11.0亿~11.5亿美元。两者在2021~2025年的复合年增长率分别为4.5%~5.0%与5.0%~5.5%。

硬质合金工业刀具市场规模增速快于全球工业刀具市场规模的主要原因在

---

① ZHENGHUA：《2021年中国钨市场价格走势总览》，中钨在线，2022年1月5日，http://www.ctia.com.cn/news/81192.html。

② 《恒州博智统计及预测：2021年全球切削刀具市场销售额达到了239.9亿美元，预计2028年将达到355亿美元》，QYResearch，2022年4月20日，https://www.qyresearch.com.cn/information/cutting-tool-i0741.html。

于以下三个方面：其一，全球经济复苏和发展中国家工业自动化进程加快；其二，硬质合金工业刀具对高速钢刀具的取代；其三，有关硬质合金工业刀具基体配方、涂层技术和整体解决方案（如数字化调整、监控和管理）的进一步发展，有利于增加刀具的附加值。需要注意的是，新冠肺炎疫情对经济及制造业的冲击使计算基数降低，全球工业刀具、硬质合金工业刀具市场规模的复合年增长率相对于我们此前估计的数据（3.5%~4.5%和4.5%~5.0%）略高。

（三）硬质合金工业刀具行业的壁垒

根据相关专家访谈资料和研究，我们认为，供应链安全、技术水平和资金实力是该行业面临的三大核心壁垒，而品牌知名度，规模经济，市场、运营和生产能力成为该行业面临的辅助壁垒。由这些壁垒所衍生出来的核心竞争力要求，是我们考察硬质合金工业刀具生产商的重要维度。

其一是供应链安全。如前文所述，硬质合金工业刀具生产商对于上游有较强的依赖性和较低的议价能力，且作为成分占比最高的核心原材料，碳化钨的供应是否稳定决定了硬质合金工业刀具生产商的存亡。故对于硬质合金工业刀具生产商来说，如果能与上游原材料供应商有稳定且健康的供应关系（包括商业条款上的合理安排），甚至是自身向上游整合并能够掌握一定的原材料供应，就会拥有较强的竞争力。钨矿业企业向下延伸硬质合金工业刀具业务，在逻辑上较为通顺，但对于该行业的"新来者"而言，建立稳健的供应链将是巨大的挑战，特别是在该行业内，规模竞争对手能够以合理的价格锁定原材料。

其二是技术水平。一方面，技术水平体现在基体配方和涂层方面，是否能够通过研发快速响应市场对于硬质合金工业刀具在新材料或者是更高加工效率方面的要求，对企业能否获得长足订单起决定性作用；另一方面，技术水平体现在对整体加工方案的理解和设计能力上，特别是由于智能制造的不断发展，相对于单纯提供刀具而言，下游行业及终端客户更希望硬质合金工业刀具生产商有能力依据客户需求来提供整套刀具解决方案，例如，柔性制造衔接、数字化刀具管理，甚至是接入 MES 制造执行系统等特殊需求，以满足提高生产效率的需求，而这也要求硬质合金工业刀具生产商给予下游行业长期的关注，并从生产角度进行深刻的理解。对于行业新来者而言，相关人才和技术储备本身就是较高的门槛，而长期积累的对下游行业的理解则进一步提高了门槛。

其三是资金实力。一方面，硬质合金工业刀具较长的生产工序和复杂的生产工艺使生产商在制造设备维度的固定资产投入较多，特别是 PVD/CVD 涂层的添加，进一步增加了投资；另一方面，为了保障上述供应链和研发投入稳定，需要满足下游行业的赊购需求以进一步开拓市场，这些或有的营运资金投入进一步提高了本行业的资金壁垒。

其四是品牌知名度。对于大型客户或者加工工件价值较高的客户来说，出于对风险控制的考虑（例如，崩刀导致生产停滞或者刀具损害高价值工件等），其一般仍倾向于选择品牌知名度较高的国际性或区域性知名硬质合金工业刀具生产企业。品牌知名度同样也是进入新区域性市场或者新加工领域的重要影响因素，发展中国家市场对品牌知名度的考量尤为突出。

其五是规模经济。除了扩大经营规模以分摊固定成本从而提高总体盈利能力这一基本功效外，规模经济所带来的壁垒在于成规模企业可以通过对产品的合理降价（特别是价格弹性<1 时）将不成规模且单位生产成本较高的新来者驱逐出去甚至直接挡在市场门外。这也是在考察中小硬质合金工业刀具生产商的投资机会时，需要同时考虑其获得融资后进行大规模扩产的可行性的原因。

其六是市场、运营和生产能力。虽然市场、运营和生产能力对于很多行业来说并不能算作壁垒，但在硬质合金工业刀具领域，上述供应链安全、技术水平、资金实力、品牌知名度、规模经济壁垒和相应核心竞争力的达成，实则需要良好的市场、运营和生产能力相匹配。另外，亦需要考虑固定资产投入等"硬指标"，对这些能力的综合考量更加依赖"软实力"，因此，团队、制度、风险控制等"软指标"亦需在投资尽调过程中予以注意。

（四）全球及我国硬质合金工业刀具生产商概览

工业刀具行业呈现较高的市场集中度，本文推算出 6 家皆以硬质合金工业刀具为核心业务的主流生产商（山特维克集团、IMC 集团、肯纳金属、三菱材料、欧士机和玛帕）的全球市场总份额常年在 55%～65%，剩余的市场份额则由约 600 家区域性成规模企业（以硬质合金及高速钢工业刀具为主）及中小微企业（以硬质合金及超硬材料工业刀具为主）瓜分。

本文将全球硬质合金工业刀具生产商分为三个层级。

其一是全球龙头企业。以上述 6 家欧洲、美国和日本主流生产商为首，龙头企业通常历史悠久，研发实力和技术储备强，拥有满足高中低端市场需求的多个产品线或子品牌，具备对多个下游行业的深刻理解，业务遍及全球。这些企业通常不出售单独刀具，而以提供针对行业特定生产需求的硬质合金工业刀具的系统性解决方案为主，在增强客户黏性的同时，提升了业务的毛利率。

其二是区域性成规模企业。由于不具备先发优势，这些企业在资金、品牌、生产设备和技术等方面与全球龙头企业存在差距。但由于能够聚焦特定行业，具备某种资源禀赋和特定的技术或卖点，其往往能够在把握本国市场的同时，进行一定程度的区域性业务扩张，如获得国际性业务，实现业务规模扩大，是具有潜力的、可以通过并购或整合等方式跻身全球龙头企业行列的企业。代表性企业包括中国的株洲钻石切削刀具股份有限公司、株洲欧科亿数控精密刀具股份有限公司，韩国的特固克等（TeaguTec，已被 IMC 集团收购）。

其三是区域性中小微企业。这类企业两极分化的情况较为严重，一部分企业由于技术能力不足或资金实力不强，业务在近年来逐步萎缩，面临被淘汰的局面；另一部分企业专注下游领域、涂层或合金配方等方面并有所突破，大多为一些初创或中小微企业，如瑞士的 Lamina Technologies 等。

三 硬质合金工业刀具行业代表性企业

（一）山特维克集团（Sandvik Group）

山特维克集团前身由 Göran Fredrik Göransson 于 1862 年在瑞典山特维肯（Sandvikens）镇创立。其从一座小型炼钢厂发展至今，已经是拥有 160 年历史的大型跨国工业集团，其于 1901 年在瑞典斯德哥尔摩证券交易所上市，股票代码为 SAND，截至 2022 年 2 月 17 日，市值约为 2995.5 亿瑞典克朗，TTM 市盈率约为 20.7 倍。

目前，集团下设制造和加工解决方案、矿山和岩石技术、岩石处理技术、材料科技四大板块，员工约为 37000 人，业务遍及全球。2020 年，受新冠肺炎疫情影响，其收入同比下滑约 16%，仅为 864 亿瑞典克朗，但净利润略有提升，达 87 亿瑞典克朗。

以硬质合金工业刀具为核心的工业刀具业务隶属于制造和加工解决方案板块。山特维克集团自 1942 年起涉足硬质合金领域，并从 1950 年开始生产硬质合金工业刀具，至今已有 70 多年历史，其通过不断进行技术攻关、进行行业案例积累和收购兼并，打造了诸如可乐满（Coromant）、山高（SECO）、多玛普拉米特（Dormer Pramet）等多个满足分层市场和行业需求的硬质合金工业刀具品牌矩阵，公司获得了 CVD 硬质合金工业刀具涂层的首个专利，成为全球公认的工业刀具第一大企业。

（二）IMC 集团（International Metal Cutting Group）

IMC 集团的前身伊斯卡（ISCAR）由 Wertheimer 夫妇于 1952 年创立于

以色列的纳哈利亚（Nahariya），主要专注于硬质合金工业刀具的生产。由于对产品质量及研发的专注，伊斯卡逐渐成为以色列头部工业刀具生产商。20 世纪 80 年代，Wertheimer 夫妇的儿子 Eitan Wertheimer 接手家族企业后，将公司迁至贸易水平更高、人才储备条件更加优渥的特芬（Tefen）工业园区，并加大了对科技创新和海外市场拓展的投入力度。凭借"高性能、高生产率和高收益率"的工业刀具产品属性，伊斯卡在 20 世纪末成为全球知名的硬质合金工业刀具供应商，且在汽车、航空航天和模具行业具备很强的解决方案能力。

2006 年，沃伦·巴菲特以约 40 亿美元对价收购了伊斯卡 80% 的股份，并将其更名为 IMC 集团。此后，在大力发展伊斯卡的同时，巴菲特借助自身的资本运作能力，开始了对以 IMC 集团为基础的全球工业刀具生产商的持续并购，并购对象不乏韩国特固克、日本泰珂洛（Tungaloy）及美国 PCT 等老牌区域性成规模企业。

2013 年，巴菲特以约 20.5 亿美元对价完成了对 IMC 集团剩余 20% 股份的收购，并成为其单一拥有者。如今，IMC 集团已发展为全球第二大工业刀具企业，在 60 个国家拥有超过 130 家子公司及生产设施，并持续为股东带来丰厚的投资回报。

（三）肯纳金属（Kennametal Inc.）

肯纳金属由美国硬质合金先驱 Philip M. McKenna 于 1938 年在美国宾夕法尼亚州的拉筹伯（Latrobe）市创立，其创办伊始便以生产自主研发的硬质合金切削刀具为核心业务。第二次世界大战和美国重工业的崛起成为肯纳金属在早期快速发展的机遇，战时经济使其逐步成为美国硬质工业合金领域的龙头企业。

此后，肯纳金属不断发展。一方面，其加强了对工业刀具的技术研发和对下游行业的开拓，例如，其成为快速换刀系统的先驱，并成为首个使用硬质合金工业刀具 PVD 涂层的企业；另一方面，其通过投资及并购，扩大在全球范围的影响力，例如，1993 年收购了德国工业刀具生产商 Hertel AG，2002 年收购了印度硬质合金工业刀具知名生产商 Widia（India）Ltd.，并在中国上海开设了第一个硬质合金工业刀具工厂。

目前，肯纳金属下设两大业务板块，面向工业领域，形成了以硬质合金工业刀具为核心的金属切削板块；面向矿业能源及基建领域，形成了以硬质合金及工业陶瓷产品为核心的基建板块，公司员工超过 8600 人。

肯纳金属于 1977 年登陆美国纽约证券交易所，股票代码为 KMT。截至 2022 年 2 月 17 日，肯纳金属市值约为 28.1 亿美元，TTM 市盈率约为 21.7 倍。同样受到疫情干扰及中美贸易摩擦影响，2021 财年收入约为 18.4 亿美元，与 2020 年基本持平，较 2019 年下降约 22%；归母净利润逐步恢复至约 0.58 亿美元，但仍无法与 2019 年（近 2.5 亿美元）相比。

（四）株洲钻石切削刀具股份有限公司

株洲钻石切削刀具股份有限公司（以下简称"株洲钻石"）由株洲硬质合金集团有限公司于 2002 年组建。其前身为 1958 年投产的株洲硬质合金厂，是我国硬质合金工业刀具行业的开创者。后续，其主要通过进行高质量的研发投入（包括成立硬质合金国家重点实验室并承担多项国家级科技重大专项课题）和海外扩张（如早在 2006 年便成立欧洲及美全资子公司，2018 年收购德国钻孔及铣削刀具供应商 HPTec Gmbh 等）打造了完善的硬质合金工业刀具产品矩阵和销售网络，现已发展为我国规模最大、种类最齐全、行业领先的硬质合金切削刀具综合供应商，产品行销至全球 60 余个国家和地区，部分高端产品甚至可以对标山特维克集团等国际龙头企业的相关产品。

2012 年，湖南有色金属有限公司将株洲硬质合金集团连同株洲钻石注入深圳证券交易所主板上市公司中钨高新材料股份有限公司（简称"中钨高新"，股票代码：000657.SZ）。截至 2022 年 2 月 17 日，中钨高新市值约为 146.9 亿元，TTM 市盈率约为 31.5 倍。2020 年，株洲钻石的营业收入和净利润分别为 16.8 亿元和 1.5 亿元。

（五）株洲欧科亿数控精密刀具股份有限公司

株洲欧科亿数控精密刀具股份有限公司（以下简称"欧科亿"），由株洲硬质合金厂原副厂长袁美和先生于 1996 年在湖南株洲创办，专注于硬质合金工业刀具的研发及生产。通过逾 20 载的研发摸索及对下游行业应用的积累，欧科亿掌握了硬质合金和刀具制造技术，以及基于下游解决方案构建的关键技术体系，发展至今，其已经成为我国数控工业刀具的头部企业之一，并成为国家级高新技术企业。2019 年，按工业刀具产量计算，欧科亿已成为我国第二大工业刀具企业。

2020 年 12 月，欧科亿成功登陆上海证券交易所科创板，股票代码为 688308.SH。其不仅是株洲首家登陆科创板的企业，也是科创板第一家硬质合金工业刀具上市公司。截至 2022 年 2 月 17 日，欧科亿市值约为 61.1 亿元，TTM 市盈率约为 30.6 倍。2021 年，营业收入和归母净利润分别达 9.9 亿元和 2.2 亿元，分别同比增长 41.0% 和 106.8%。

四 硬质合金工业刀具行业的发展方向

综上所述，我们认为硬质合金工业刀具行业的发展将呈现以下四大趋势。

其一，硬质合金工业刀具需求总体呈稳健上行态势。虽然受到大宗商品供应和价格等因素干扰，但后疫情时代的经济复苏，特别是在通用机械及汽车行业复苏及发展中国家持续的工业化进程背景下，加之工件新材料对于硬质合金工业刀具及其涂层的新要求，硬质合金工业刀具需求仍将持续上扬。

其二，技术驱动下的高性价比刀具被用于本行业内高增长的细分市场。硬质合金工业刀具在基体配方和涂层维度的技术迭代符合下游企业控制刀具成本、提高生产效率、扩大加工工件材料范围的发展要求。整体来看，发展中国家对于性价比的敏感程度更高。

其三，硬质合金工业刀具的主流地位将进一步增强。这主要来源于对高速钢刀具的替代，特别是在追求工业制造效率的发展中国家。而且，超硬材料刀具及陶瓷刀具在部分领域替代硬质合金工业刀具的进程相对缓慢。

其四，硬质合金工业刀具生产商将继续通过并购整合提升自身市场地位。从山特维克集团、肯纳金属、IMC集团及株洲钻石的发展历程不难发现，近年来，硬质合金工业刀具行业的并购活动仍然活跃，例如，山特维克于2021年7月收购硬质合金及涂层服务提供商滁州用朴合金工具有限公司，美国GWS Tool Group于2022年1月收购美国特种PVD涂层刀具生产商Carbide Tool Mfg. Inc. 等。对于成规模的国际龙头企业而言，并购仍然是较为高效的业务扩张和地域扩张方式：通过获取技术和打压竞争对手，从而提升市场地位。特别是如果国际龙头企业有能力通过自身资源和管理方法与被收购企业产生协同效应，则将使收购更有价值。

五　我国硬质合金工业刀具行业的投资逻辑

（一）我国硬质合金工业刀具行业仍具备战略意义

我国硬质合金工业刀具起步时间较晚，较欧美发达国家晚近30年，作为高端装备制造业的重要组成部分，其仍具备战略意义。1958年株洲硬质合金厂的建立是我国硬质合金工业刀具行业的开端。虽然经过逾 60 年的紧追猛赶，我国中低端硬质合金工业刀具在性能上已经可以比肩国际龙头企业的部分产品，但在高端刀具领域和解决方案能力上尚存不足，且在价格方面有难以弥补的差距，这对我国先进制造业升级（效率提升和加工成本下降等）造成了障碍。

高档数控机床产业是关系到国家战略地位和体现国家综合国力的重要基础性产业，而提升与机床配套的、进行加工的刀具的质量，也是提升制造业技术水平的关键。作为应用最为广泛的"工业牙齿"，硬质合金工业刀具能极大地提高制造业加工效率、降低加工成本，是支持先进制造加工技术发展的关键工具，也是使我国成为高端装备制造大国和强国的核心部件，具备重要的战略意义。

（二）我国硬质合金工业刀具行业整体发展趋势良好

全球及我国硬质合金工业刀具行业整体发展趋势良好，进口替代和出口创收仍然为增长的双重主题。如前文所述，凭借良好的性价比和较高的加工效率，以及相关技术和设计的不断优化，硬质合金工业刀具持续替代传统高速工业刀具已经成为工业刀具发展的主流。同时，由于硬质合金工业刀具的高性价比、独特的化学惰性和低环境要求等优势，其在诸多领域的表现比超硬材料工业刀具更佳，这使不论在全球还是我国，硬质合金工业刀具市场呈现规模大且稳健增长的态势。

作为钨储量和产量均居世界第一的大国，加之制造业完善的产业链体系和充足的人力资源供应，中国先天具备发展硬质合金工业刀具的良好土壤。中美贸易摩擦对供应链安全的影响，加之自主可控要求，使我国越来越多的航空航天、军工、高端装备及汽车行业企业开始尝试将国产硬质合金工业刀具应用于高端领域。根据中国机床工具工业协会工具分会的数据，2018 年，我国高端刀具市场规模约为 200 亿元，其中约有 150 亿元由海外品牌占据，国产替代仍有较大空间。①

此外，随着提供解决方案的能力、生产技术水平及产品性价比的进一步提升，我国硬质合金工业刀具生产商有望获得发展中国家的青睐，这使其进行长期国际业务扩张成为可能。

（三）我国硬质合金工业刀具行业具备低周期属性和多重行业壁垒

硬质合金工业刀具隶属于工业耗材，其广泛应用于金属模具加工、汽车、航空航天、电力器械、建筑、油气等多种行业，加之全球对其的需求稳定，其平抑周期能力较强，且生产领域目前不存在实质性"卡脖子"的情况，因此相关企业的业绩波动有限。

硬质合金工业刀具的研发和制造需要对化学、物理（如材料科学、机械、工业设计）等多学科的交叉运用，以及进行长时期行业积累和高技术人才的汇聚。此外，资本投入、产品质量、下游行业认可度、销售网络和稳定的供应能力也都在各维度树立了较高的行业壁垒。

（四）良好的市场环境满足了我国硬质合金工业刀具行业企业的并购需求

我国资本市场鼓励创新及行业并购活跃，使投资退出方式多元化。上海证券交易所和深圳证券交易所的相关板块为各阶段的硬质合金工业刀具生产商登陆资本市场提供了良好的渠道，特别是欧科亿于 2020 年末登陆科创板，为该行业企业上市融资提供了成功案例及经验。北京证券交易所的创设及其服务"专精特新"企业的倾向，亦有利于符合该条件的优秀硬质

---

① 李超、商力、敖翀：《硬质合金刀具行业深度报告》，中信证券，2021 年 6 月 30 日，第 20 页。

合金工业刀具生产商再融资及相关投资机构的退出。

此外，考虑到前述行业并购仍将保持活跃态势，不论产业投资人还是私募股权投资机构，对相关企业的整体出售都具备较大的可行性，这同样为投资机构的退出提供了备选方案。

六 案例：2019 年 Lamina Technologies 竞标出售项目

（一）Lamina Technologies 简介

Lamina Technologies（简称"Lamina"）由 Peleg Amir 和 Yuval Amir 兄弟于 2001 年设立，总部位于瑞士伊韦尔东（Yverdon-Les-Bains），在中国、德国、法国、巴西和土耳其等 9 个国家均设有子公司及生产基地，销售网络则遍布全球，是硬质合金工业刀具生产行业的技术领跑者之一，且在铣削和车削方面独具优势。其具备较强的技术研发实力，有着近 30 项全球性专利，通过"Multi-MAT"（"一刀多用"）技术，搭配全球领先的亚微米等级 PVD 涂层，开创了同一刀具适用于进行多种材料加工的先河。

Lamina 的工业刀具产品在下游工业市场应用广泛，涵盖模具制造、机械制造、石油与天然气行业以及先进制造领域，如国防、汽车、航空航天、电力设备等。依托强大的研发能力、技术沉淀和具备自主知识产权的全自动硬件生产设备，Lamina 以超过 15% 的长期营业收入 CAGR 和稳定在 35% 以上的 EBITDA，成为业内"小而美"的潜在投资标的。

2014 年，光大 CATALYST 中国以色列基金（"中以基金"）通过"新股+老股"的方式，以约 5000 万瑞郎的对价，获取了 Lamina 的控股权，并协助 Lamina 于 2016 年在中国成立子公司，自此，其进入了建投投资的关注范围。

（二）投资逻辑

为大力振兴我国先进制造业及实现工业 4.0 升级，建投投资在积极关注全球机床和工业刀具领域投资的同时，在专业机构的帮助下，通过对行业的研判，挖掘并梳理出潜在投资标的，制定了在工业刀具赛道，通过从"小而美"投资标的切入，后续通过"Buy and Build"（叠加并购整合构建）模式打造出"根植中国，并跻身第二梯队"的工业刀具全球化企业的投资策略。

从行业层面来看，硬质合金工业刀具市场规模的长期稳健增长、下游广泛应用场景、工业刀具耗材属性所带来平抑周期能力、行业本身特有的技术及原材料壁垒等优势，加之这个阶段我国硬质合金工业刀具技术和解决方案能力所存在的现实差距，使该行业具备较高的投资价值。

从公司层面来看，Lamina 自身拥有过硬的产品及技术、高效率的自动化生产设施、具有竞争力的团队和人均产值、良好的财务表现、优质的供应链搭建、优秀的产品渠道建设、较强的获取核心技术能力等优势，特别是产品特有的高效率，即 Multi-MAT 可有效减少换刀时间和刀具库存，加之高性价比，有效贴合了我国市场的转型升级需求。

回顾本案例，建投投资对于硬质合金工业刀具行业的判断，在 2020～2021 年业界及资本市场都得到了一定验证。但由于受到 2020 年全球新冠肺炎疫情的影响，及进一步从投资维度直接推动我国先进制造业发展的考虑，建投投资在先进制造领域的战略重点逐步向国内财务型项目转移。

储能行业研究
及投资机会分析

王　宪

一 储能行业概况

（一）储能的定义

储能的定义有广义和狭义之分。广义的储能是指通过一定的中介或者设备，将能量从一种形式转化成另一种形式存储起来，在未来使用时再以特定的能量形式释放出来的循环过程。狭义的储能主要是指对电能的存储，通过化学或者物理的方法将产生的电能存储起来，并在需要时释放的一系列技术和措施。本报告核心探讨储能技术在电力系统的相关应用，因此，仅聚焦于狭义储能。

（二）储能技术通常的分类

按照能量储存介质的不同，储能技术通常可划分为电化学储能、机械储能、电磁储能及其他储能，具体包含的内容如图1所示。

图1　储能技术分类

资料来源：建投投资/建投华文根据 Wind 资料整理。

电化学储能是指各类二次电池储能，主要包括锂离子电池、铅蓄电池、钠硫电池和液流电池等。锂离子电池能量密度高，转换效率可超 90%，商业化、规模化应用也更加成熟。相对铅蓄电池而言，使用寿命相对较长，锂电池重量轻，相同体积下锂电池的重量为铅酸产品的 1/6~1/5，但锂电池的安全性仍有待提高。铅蓄电池则因环保问题，非政策鼓励的发展方向。相比钠硫电池，锂离子电池产业链配套更加齐全，单位成本相对较低。综合来看，相较于其他电化学储能技术，锂离子电池在性能和成本方面更具综合优势，因而被视为最具有竞争力的化学储能技术之一。

机械储能又叫物理储能，是指通过电能和动能的互相转换实现储能，主要包括抽水蓄能、飞轮储能和压缩空气储能等形式。机械储能具有规模大、循环寿命长和运行费用低等优点，但需要特殊的地理条件和场地，一次性投资费用较高，不适合较小功率的发电系统。抽水蓄能是目前全球应用最为广泛的储能技术之一，在全球累计装机容量中，抽水蓄能占据绝对主导地位，但占比呈现逐年下降的趋势。

电磁储能主要可分为超导储能和超级电容器储能两类。超导储能是利用超导线圈将电磁能直接储存起来，需要时再将电磁能返回电网或其他负载。其优点是响应速度较快、功率密度较高；缺点是储能容量过低，维护成本过高。超级电容器储能是用电荷的方式将电能直接储存在电容器的极板上，其优点是功率密度较高，循环寿命长；缺点是储能容量过低，自放电率高。

表 1 呈现了不同类型的储能技术在各指标上的对比表现。

表 1　不同储能技术对比									
技术路线	储能技术	响应功率	放电时长	能量密度	响应速度	循环次数	循环效率	使用寿命	投资成本
电化学储能	锂离子电池	KW~MW	分钟~小时	150~250Wh/kg	百毫秒级	4000~5000	90%~95%	8~10 年	300~400 美元/KWh
	铅蓄电池	KW~MW	分钟~小时	30~50Wh/kg	百毫秒级	500~1000	75%~80%	2~3 年	100~150 美元/KWh

续表

技术路线	储能技术	响应功率	放电时长	能量密度	响应速度	循环次数	循环效率	使用寿命	投资成本
电化学储能	液流电池	KW ～ MW	分钟～小时	15 ～ 20Wh/kg	百毫秒级	>10000	70% ～ 75%	15 ～ 20 年	500～550 美元/KWh
机械储能	抽水蓄能	GW	小时	落差 360m 时的能量密度为 1KW/m³	分钟级	无限制	70% ～ 80%	>50 年	700～900 美元/KWh
	飞轮储能	KW ～ MW	小时		十毫秒级	>20000	>90%	15 年	250～300 美元/KWh
	压缩空气储能	KW ～ MW	秒～分钟	12KW/m³	秒级	>10000	50% ～ 60%	>30 年	900～1500 美元/KWh
电磁储能	超导储能	KW	秒～分钟		毫秒级	>100000	>95%	>20 年	>1000 美元/KWh
	超级电容器储能	KW	秒～分钟		毫秒级	>50000	90% ～ 95%	>20 年	100～150 美元/KWh

资料来源：建投投资/建投华文根据浙能集团研究院、东方证券研究所资料整理。

（三）储能重要的应用场景

储能适用于多种应用场景，包括电力系统、通信基站、数据中心等，其中，电力系统是最重要的下游应用。储能是电力系统中的关键环节，伴随着新能源装机在装机总量中的占比持续提升，考虑到新能源发电的波动性、随机性给电网带来的冲击，储能是支持电网安全稳定运行的必由之路。

从整个电力系统集成的角度来看，储能的应用场景可以分为电源侧储能、电网侧储能和用户侧储能。

电源侧储能，是由于新能源发电具有不稳定性，需要通过给新能源发电技术增配储能设备，形成"风电+储能""光伏+储能"的组合发电解决方案，增加其可调节性和适用性。通过合理优化风电、光伏、电储能配比和系统设计，有效减少弃风和弃光。在保障新能源高效利用的同时，为电力系统提供一定的调频与调峰能力。

电网侧储能，指储能在电网侧的主要应用领域是电力辅助服务市场，主要用于维护电力系统的安全稳定运行，保证电能质量，该市场的主要需求为调频、调峰与备用容量等。储能技术采用电力电子技术进行控制，可有效提升以火电为主的电力系统整体调频能力，能够快速响应电网的调峰、调频需求，保障高比例新能源的电网安全可靠，具体对比详见图2。

图2　储能参与调频效果更好

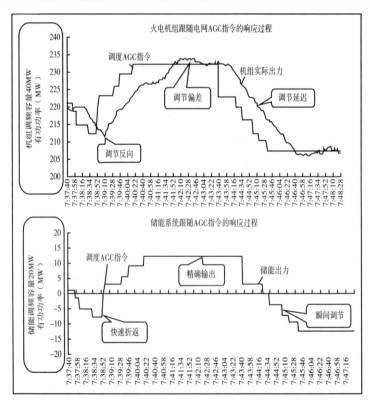

资料来源：建投投资/建投华文根据《储能辅助电厂 AGC 调频前景分析》整理。

用户侧储能，一是通过低谷充电、高峰放电，实现峰谷价差套利；二是工业用户可以利用储能系统在用电低谷时储能，在高峰负荷时放电，从而降低整体负荷，达到降低容量电价的目的；三是电力自发自用余电上网，在光伏系统的基础上配套储能，将白天高功率时发的多余电量接入电网，实现白天和夜间的用电都由分布式光伏提供，从而降低用电成本。

（四）碳中和背景下，全球储能将进入规模化发展阶段

传统电力系统中，电网侧主要是煤电、燃机，可以相对简单地通过调控发电侧来维持电网稳定运行。在全球碳中和背景下，需要调整传统能源结构，减少化石能源的发电比例，大力发展可再生能源发电。储能使大规模风电及光伏发电并入常规电网，可以在很大程度上解决新能源发电的不稳定性问题。全球主要发达国家从政策层面均对储能技术的发展给予了大力支持，大多数国家都将储能技术定位为支撑新能源发展的战略性技术。目前，全球储能发展已走过商业化初期，将进入规模化发展阶段。

表 2 展示了全球储能发展阶段及主要事件，表 3 梳理了国外主要国家储能发展相关政策。

表 2　全球储能发展阶段及主要事件			
阶段	时间	主要特点	主要事件
初期阶段	1882 年	技术研发及验证	瑞士兴建了世界上第一座抽水蓄能电站
	2010 年以前		美国：出台《能源政策法案》，通过《储能法案1091》和《储能法案3617》，并拨款 24 亿美元用于包括大规模储能在内的电池研发 日本：自 20 世纪 90 年代以来，投入大量资金支持大规模储能技术的早期研发、示范项目建设和商业化运作。 中国：实施相关科研计划和技术验证示范，2000～2010 年电化学储能累计装机仅 2.7MW

续表

阶段	时间	主要特点	主要事件
示范应用阶段	2010~2015 年	全球储能行业革命深化	美国：加利福尼亚州 AB2514 法案带来南加利福尼亚州电力公司 261MW 储能订单，特斯拉 Power Wall 产品上线。 日本：在所有规模以上的太阳能光伏发电项目中引入上网电价政策，引发了太阳能发电"淘金热"。 中国：拉开电力体制改革序幕，储能项目以示范性项目为主，2015 年 7 月，发布《关于推进新能源微电网示范项目建设的指导意见》
商业化 & 产业化初期	2016~2017 年	全球当年储能新增装机主要来自可再生能源并网、辅助服务和分布式发电及微网领域	美国：持续领跑全球，加利福尼亚州是储能项目装机最多的州。 日本：福岛核泄漏事件后，开始大力发展光伏等可再生能源。 中国：2017 年 9 月，发布《关于促进储能技术与产业发展的指导意见》，是第一个国家级储能产业政策文件
商业化 & 产业化初期	2018~2019 年	商业化初期	美国：增速平稳，FERC 发布美国储能史上具有里程碑意义的 Order 841，加利福尼亚州、马萨诸塞州和纽约州均将储能视作实现清洁能源目标和电网现代化的关键技术之一。 日本：新项目主要投运到工商业用户侧和户用储能领域。 中国：累计装机突破 1GW，电网侧是热门领域
	2020 年	新冠肺炎疫情提升了全球对于能源弹性和安全性的需求	美国：实现表前市场装机投运的突破。 欧洲：推行清洁能源一揽子政策，主要是英国表前市场和德国户用储能市场。 中国：新增储能装机主要来自新能源发电侧，各省份相继出台鼓励或强制配置储能等相关政策
规模化发展	2021 年之后	储能项目广泛应用，技术水平快速提升，标准体系逐步完善、逐步形成完整的产业体系	2021 年 7 月 29 日，国家发改委发布《关于进一步完善分时电价机制的通知》，以服务以新能源为主体的新型电力系统建设

资料来源：建投投资/建投华文根据 Wind 资料整理。

国家	年份	政策名称	主要内容
美国	2009~2010年	《储能法案1091》《储能法案3617》	提供15亿美元的税收优惠,大容量储能给予20%的投资税收优惠,分布式储能系统享受30%的投资税收减免,与智能电网连接的插电式混合动力汽车中可充电的储能设施统一享受30%的投资税收减免。此外,政府拨款24亿美元用于支持包括大规模储能在内的电池技术研发
日本	2012年	《革新的能源及环境战略》《电力事业主体进行可再生能源电力调节的特别措施法》	明确将大力发展分布式及可再生能源发电。支持蓄电池、燃料电池等储能技术研发,并给予安装家用储能系统的用户和企业一定资金支持
德国	2016年	光储补贴计划	启动"光伏+储能"补贴计划,总额3000万欧元
英国	2021年	《向净零能源系统过渡:2021年智能系统与灵活性计划》	消除包括储能在内的智慧能源发展障碍,建立灵活的电力市场机制

表3　国外主要国家储能发展相关政策

资料来源:建投投资/建投华文根据 Wind 资料整理。

(五)我国自上而下出台一系列政策,促进储能行业向规模化发展

2017年9月,国家发改委、财政部、科技部、工信部和国家能源局五部门联合印发了《关于促进储能技术与产业发展的指导意见》,这是我国储能行业第一个指导性政策文件。该指导意见明确了储能技术对于构建我国"清洁低碳、安全高效"的现代能源产业体系的重要性,对推进我国能源行业供给侧结构性改革、推动能源生产和利用方式变革具有战略意义,指明了储能产业发展的方向和目标。

2021年7月,国家发改委、国家能源局发布《关于加快推动新型储能发展的指导意见》,提出坚持储能技术多元化,推动锂离子电池等相对成熟的新型储能技术成本持续下降和商业化规模应用。2025年,新型储能要从商业化初期向规模化发展转变,装机规模达30GW以上;2030年,新型储能全面市场化发展,新型储能装机规模要基本满足新型电力系统响应需求。

2022 年 3 月，国家发改委、国家能源局联合印发了《"十四五"新型储能发展实施方案》（以下简称《实施方案》），明确了新型储能的发展目标，提出 2025 年做到规模化发展、具备大规模商业化应用条件。《实施方案》指出要加快储能在电源侧、电网侧、用户侧的规模化发展，支撑构建新型电力系统。电源侧方面，国家要求推动系统友好型新能源电站建设，要加快新型储能开发，配合风光电源建设。在电网侧，要合理布局电网侧新型储能或风光储电站，增强电网薄弱区域供电保障能力。在用户侧，要灵活多样发展用户侧新型储能，如依托分布式新能源、微电网、增量配网等配置新型储能，探索电动汽车在分布式供能系统中应用，提高用能质量，降低用能成本，详见表 4。

表4 《"十四五"新型储能发展实施方案》政策概要	
重点方向	**具体内容**
注重系统性谋划储能技术创新	对新型储能技术创新加强战略性布局和系统性谋划，从推动多元化技术开发、突破全过程安全技术、创新智慧调控技术三个层面部署集中技术攻关的重点方向，提出研发储备技术方向，鼓励不同技术路线"百花齐放"，同时兼顾创新资源的优化配置；强调推动产学研用的融合发展
以规模化发展支撑新型电力系统建设	（1）电源侧方面，加快推动系统友好型新能源电站建设，以新型储能支撑高比例可再生能源基地外送、促进沙漠戈壁荒漠大型风电光伏基地和大规模海上风电开发消纳，通过合理配置储能提升煤电等常规电源调节能力。 （2）电网侧方面，因地制宜发展新型储能，在关键节点配置储能提高大电网安全稳定运行水平，在站址及线路走廊资源紧张等地区延缓和替代输变电设施投资，在电网薄弱区域增强供电保障能力，围绕重要电力用户提升系统应急保障能力。 （3）用户侧方面，灵活多样地配置新型储能支撑分布式供能系统建设、为用户提供定制化用能服务、提升用户灵活调节能力。 （4）推动储能多元化创新应用，推进"源网荷储"一体化、跨领域融合发展，拓展多种储能形式应用
强调以体制机制促进市场化发展	（1）明确新型储能独立市场主体地位，推动新型储能参与各类电力市场，完善与新型储能相适应的电力市场机制，为逐步走向市场化发展破除体制障碍。 （2）面向新型储能发展需求和电力市场建设现状，分类施策、稳步推进推动新型储能成本合理疏导。对发挥系统调峰作用的新型储能，经调峰电源能力认定后，参照抽水蓄能管理并享受同样的价格政策。 （3）努力拓宽新型储能收益渠道，助力规模化发展。拓展新型储能商业模式，探索共享储能、云储能、储能聚合等商业模式应用，聚焦系统价值、挖掘商业价值，创新投资运营模式，引导社会资本积极投资建设新型储能项目

资料来源：建投投资/建投华文根据国家能源局资料整理。

2022年3月，国家发改委、能源局发布了《"十四五"现代能源体系规划》，对于储能在电源侧、电网侧、用户侧的发展均做出明确要求，详见表5。

表5 《"十四五"现代能源体系规划》关于电源侧、电网侧、用户侧的发展要求	
重点方向	具体内容
电源侧	大力推进电源侧储能发展，合理配置储能规模，改善新能源场站出力特性，支持分布式新能源合理配置储能系统
电网侧	优化布局电网侧储能，发挥储能消纳新能源、削峰填谷、增强电网稳定性和应急供电等多重作用
用户侧	积极支持用户侧储能多元化发展，提高用户供电可靠性，鼓励电动汽车、不间断电源等用户侧储能参与系统调峰调频

资料来源：建投投资/建投华文根据国家能源局资料整理。

与此同时，各地区也在加速出台新能源储能配置政策，其中绝大多数省份要求配置不低于新能源装机容量10%、2小时备电时长的储能设施，表6展示了2021年我国部分省区市新能源储能配置的政策。

表6 2021年我国部分省区市新能源储能配置政策				
省区市	政策文件	配置比例		配置时间（小时）
		风电	光伏	
陕 西	《关于促进陕西省可再生能源高质量发展的意见（征求意见稿）》	10%~20%	10%~20%	2
甘 肃	《关于"十四五"第一批风电、光伏发电项目开发建设有关事项的通知》	5%~10%	5%~10%	2
宁 夏	《自治区发展改革委关于加快促进储能健康有序发展的通知》	10%	10%	2
青 海	《关于印发支持储能产业发展若干措施（试行）的通知》	10%	10%	2
内蒙古	《关于自治区2021年保障性并网集中式风电、光伏发电项目优选结果的公示》	20%~30%	15%~30%	2
天 津	《2021~2022年风电、光伏发电项目开发建设和2021年保障性并网有关事项的通知》	15%	10%	1

续表

省区市	政策文件	配置比例		配置时间（小时）
		风电	光伏	
辽宁	《辽宁省新增风电项目建设方案》	10%		
江西	《关于做好2021年新增光伏发电项目竞争优选有关工作的通知》		8%～10%	
山西	《2021年竞争性配置风电、光伏发电项目评审结果的公示》	10%	10%～15%	
福建	《关于因地制宜开展集中式光伏试点工作的通知》		10%	
江苏	《省发展改革委关于我省2021年光伏发电项目市场化并网有关事项的通知》		10%	2
广西	《2021年市场化并网陆上风电、光伏发电及多能互补一体化项目建设方案的通知》	20%	15%	2
湖南	《关于加快推动湖南省电化学储能发展的实施意见》	15%	5%	2

资料来源：建投投资/建投华文根据各地方发改委官网资料整理。

二 全球及中国储能市场发展状况

（一）全球储能装机稳定增长，电化学储能增速较快

基于对能源安全性的战略部署以及各国对碳中和的承诺，全球主要国家加快发展储能行业，2016～2021年，全球储能装机稳定增长，抽水蓄能占据主导地位，电化学储能增速较快，具体数据详见图3、图4。

根据CNESA全球储能项目库的不完全统计，截至2021年底，全球储能累计装机规模209.4GW，同比增长9%。其中，抽水蓄能的累计装机占比首次低于90%，比上年同期下降4.1个百分点；新型储能的累计装机规

模紧随其后，为 25.4GW，同比增长 67.7%。① 图 5 展示了截至 2021 年底，全球储能累计装机规模分布情况。

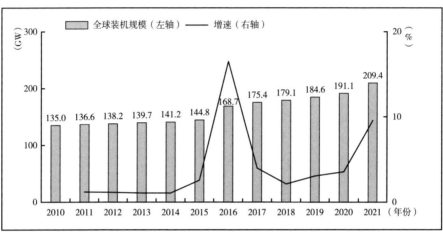

图3　2010~2021 年全球储能累计装机规模

资料来源：建投投资/建投华文根据 CNESA 资料整理。

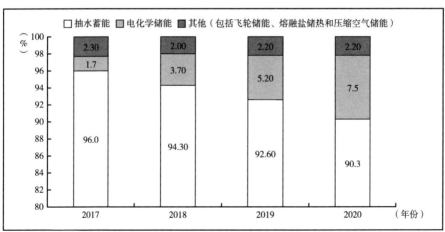

图4　2017~2020 年全球储能累计装机结构变化

资料来源：建投投资/建投华文根 Wind 资料整理。

---

① 中关村储能产业技术联盟：《〈储能产业研究白皮书 2022〉发布：2021 年中国新型储能新增投运 2.4GW/4.9GWh》，生态中国网，2022 年 5 月 5 日，https：//www.eco.gov.cn/news_ info/54859.html。

图5　2021年全球储能累计装机规模分布

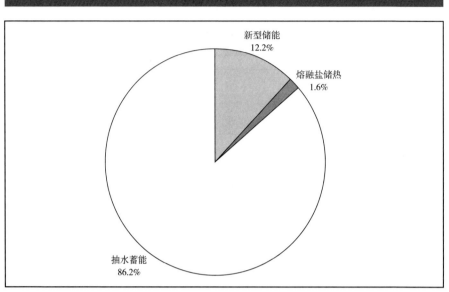

资料来源：建投投资/建投华文根据CNESA资料整理。

其中，新型储能中锂离子电池占据绝对主导地位，市场份额超过90%，压缩空气占2.3%，铅蓄电池占2.2%，钠硫电池占2%（见图6）。

图7展示了全球新增电化学占新增储能的比重与新增锂电池占新增电化学的比重。

2021年，全球新增投运电力储能项目装机规模18.3GW，同比增长185%，其中，新型储能的新增投运规模最大，并且首次突破10GW，达到10.2GW，是2020年新增投运规模的2.2倍，同比增长117%。美国、中国和欧洲依然占据2021年全球新增投运新型储能项目的主导地位，三者合计占全球市场的80%。图8展示了2021年全球新增投运新型储能项目地区分布。

图6　全球新型储能市场累计装机规模分布（截至2021年底）

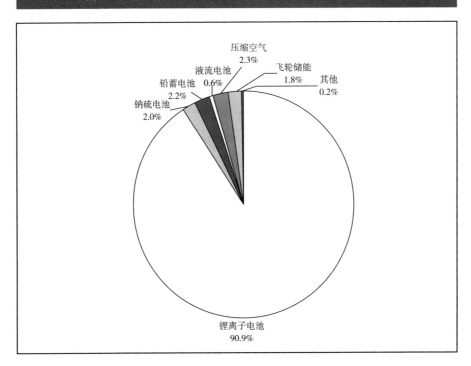

资料来源：建投投资/建投华文根据 CNESA 资料整理。

图7　全球新增电化学占新增储能的比重与新增锂电池占新增电化学的比重

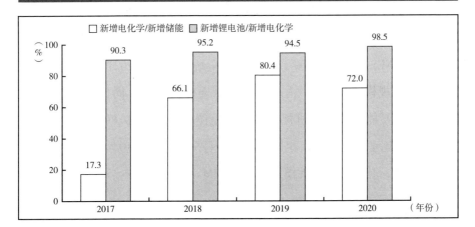

资料来源：建投投资/建投华文根据 CNESA 资料整理。

图8　2021 年全球新增投运新型储能项目地区分布

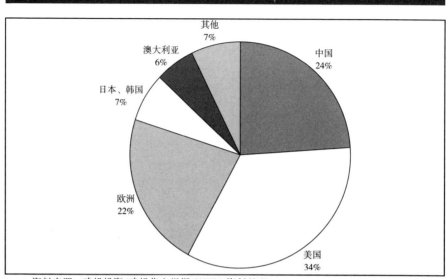

资料来源：建投投资/建投华文根据 CNESA 资料整理。

（二）我国储能以抽水蓄能为主，电化学储能发展较快

总体而言，我国储能结构与全球相似，抽水蓄能占据主导地位，但电化学储能技术渐趋成熟，占比提升。

图 9 展示了我国储能累计装机规模的变化趋势，图 10 展示了 2017～2020 年我国储能累计装机结构变化。

根据 CNESA 全球储能项目库的不完全统计，截至 2021 年底，我国储能累计装机规模 46.1GW，占全球市场总规模的 22%，同比增长 29.5%。其中，抽水蓄能的累计装机规模最大（见图 11），为 39.8GW，同比增长 25%，所占比重与上年同期相比下降 3 个百分点。市场增量主要来自新型储能的上升，其累计装机规模达到 5729.7MW，同比增长 75%。①

---

① 中关村储能产业技术联盟：《〈储能产业研究白皮书 2022〉发布：2021 年中国新型储能新增投运 2.4GW/4.9GWh》，生态中国网，2022 年 5 月 5 日，https：//www.eco.gov.cn/news_ info/54859. html。

图9   2010~2021 年中国储能累计装机规模

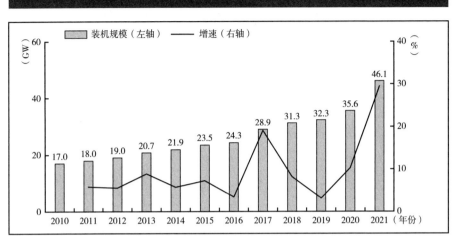

资料来源：建投投资/建投华文根据 CNESA 资料整理。

图10   2017~2020 年中国储能累计装机结构变化

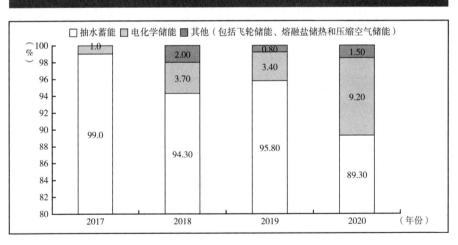

资料来源：建投投资/建投华文根据 CNESA 资料整理。

    图 12 展示了截至 2021 年底，我国电化学储能市场累计装机规模分布情况，图 13 展示了我国新增电化学占新增储能的比重与新增锂电池占新增电化学的比重。

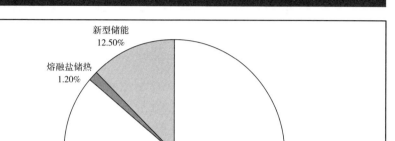

图11 中国储能累计装机规模分布（截至2021年底）

新型储能
12.50%

熔融盐储热
1.20%

抽水蓄能
86.30%

资料来源：建投投资/建投华文根据 CNESA 资料整理。

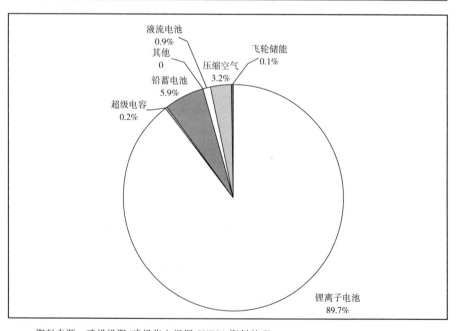

图12 中国电化学储能市场累计装机规模分布

液流电池
0.9%
其他
0

铅蓄电池
5.9%

超级电容
0.2%

压缩空气
3.2%

飞轮储能
0.1%

锂离子电池
89.7%

资料来源：建投投资/建投华文根据 CNESA 资料整理。

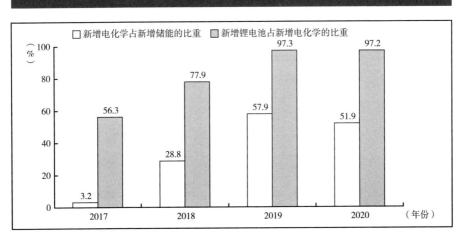

图13 中国新增电化学占新增储能的比重与新增锂电池占新增电化学的比重

资料来源：建投投资/建投华文根据 CNESA 资料整理。

（三）电化学储能产业链

目前，电化学储能技术是发展的重点方向，电化学储能产业链上游为原材料，中游主要包括电池组、双向变流器（Power Conversion System，PCS）、能量管理系统（Energy Management System，EMS）、电池管理系统（Battery Management System，BMS）及其他电气设备等部分，最终应用于电力系统、通信基站、数据中心、轨道交通等领域，电化学储能产业链如图14所示。

其中，将电池组、BMS 等集成在一个箱体内并配备 PCS、BMS、消防系统等，就组成了基本的储能系统，具体架构详见图15。

PCS 是系统的决策核心，负责控制各类蓄电池的充电和放电过程，进行交直流电的变换。EMS 是系统的控制核心，在储能系统中，发挥着将储能变流器、电池系统、空调、消防等多个主要部件集成为一个完整系统的作用，并负责数据采集、调度等。BMS 是系统的感知中心，负责监测电池组的荷电状态、温度等关键参数，管理能量在串联的储能

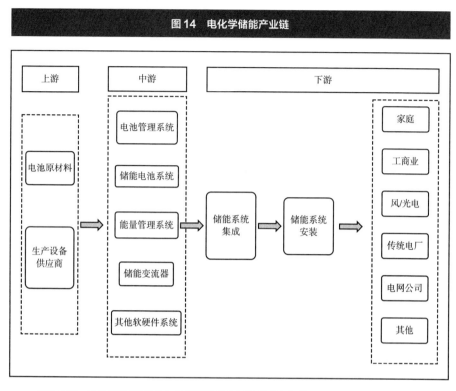

图14　电化学储能产业链

资料来源：建投投资/建投华文根据派能科技招股说明书资料整理。

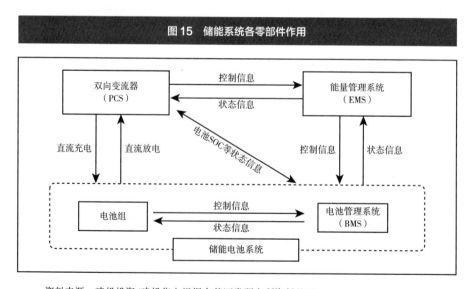

图15　储能系统各零部件作用

资料来源：建投投资/建投华文根据东莞证券研究所资料整理。

设备间均衡分布，并预警储能系统故障状态，对储能系统的安全运行起着重要作用。

电池组是储能系统的核心环节，技术路线包括磷酸铁锂和三元材料。储能系统中电池成本占比达到60%，PCS、EMS、BMS成本分别占比20%、10%和5%，其他软硬件系统成本占比5%（见图16）。因此，储能系统中电池是未来成本降低的重点环节。

图16 储能系统成本拆分占比

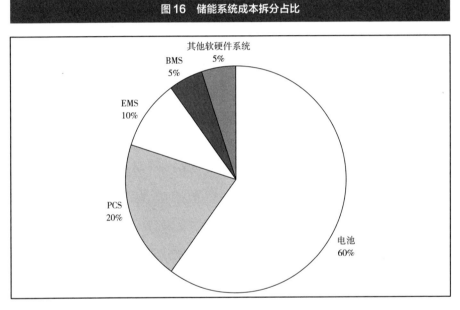

资料来源：建投投资/建投华文根据德邦证券研究所资料整理。

三 储能行业发展趋势

（一）政策引导下，储能行业发展空间广阔

"十三五"期间，储能行业在政策引导下基本完成了由示范应用阶段

向商业化初期的过渡。碳中和背景下，随着一系列顶层政策文件的相继出台，储能向规模化发展转变有了进一步的加速推进。

表 7 列举了《2030 年前碳达峰行动方案》的主要内容。

表 7　《2030 年前碳达峰行动方案》相关内容梳理	
关键点	主要内容摘要
推进煤炭消费替代和转型升级	"十四五"时期严格合理控制煤炭消费增长，"十五五"时期逐步减少。跨区配电新建通道可再生能源电量比例原则上不低于 50%
大力发展新能源	到 2030 年，风电、太阳能发电总装机容量达到 12 亿千瓦以上
因地制宜开发水电	"十四五""十五五"期间分别新增水电装机容量 4000 万千瓦左右，西南地区以水电为主的可再生能源体系基本建立
加快建设新电力系统	电力系统方面，新能源占比逐渐提高，大力提升电力系统综合调节能力。储能方面，要积极发展"新能源+储能"、源网荷储一体化和多能互补，支持分布式新能源合理配置储能系统。制定新一轮抽水蓄能电站中长期发展规划，完善促进抽水蓄能发展的政策机制。加快新型储能示范推广应用。深化电力体制改革，加快构建全国统一电力市场体系。到 2025 年，新型储能装机容量达到 3000 万千瓦以上。到 2030 年，抽水蓄能电站装机容量达到 1.2 亿千瓦左右，省级电网基本具备 5% 以上的尖峰负荷响应能力

资料来源：建投投资/建投华文根据德邦证券研究所资料整理。

2022 年全国能源工作会议发布了 2022 年能源工作的七大重点任务，"加快能源绿色低碳发展"中包括"提升电力系统调节能力。加强抽水蓄能等调峰电站建设，推进煤电灵活性改造，推动新型储能发展，优化电网调度运行方式。优化全国电网格局。引导用户侧参与市场化需求侧响应，推动源网荷储协同发展"。

一系列顶层政策文件相继出台后，各地区也相继出台相关政策，进一步细化了国家文件的具体要求。例如，内蒙古风能、太阳能资源丰富，开发潜力巨大，自治区政府发布《关于加快推动新型储能发展的实施意见》，指出到 2025 年，实现新型储能从商业化初期向规模化发展转变，建成并网新型储能装机规模达到 500 万千瓦以上。浙江省发布的《关于浙江省加快新型储能示范应用的实施意见》则提出，2021~2023 年，全省目标建成并网 100 万千瓦新型储能示范项目，"十四五"期间力争实现 200 万千瓦左右新型储能示范项目发展目标。

表 8 列举了《2030 年前碳达峰行动方案》推出后，各地相继推出的相关政策内容。

表 8 《2030 年前碳达峰行动方案》相关政策内容梳理	
省份	政策概要
山东	"十四五"期间建成 450 万千瓦左右的储能设施
河南	"十四五"期间力争新型储能装机规模达到 220 万千瓦
甘肃	"十四五"期间全省储能装机规模达到 600 万千瓦
湖南	"十四五"期间新型储能装机规模达到 80 万千瓦
浙江	杭州市"十四五"期间全市新增储能容量 21 万千瓦
广西	在平段电价基础上，上下浮 50% 形成高峰电价和低谷电价，并在高峰电价上浮 20% 形成尖峰电价
宁夏	峰段电价以平段电价（不含政府性基金级附加）为基础上浮 50%，谷段电价以平段电价（不含政府性基金级附加）为基础下浮 50%
四川	开展实证实验光伏发电基地、光伏储能试点项目建设，推进整县（市、区）屋顶分布式光伏开发
天津	推进蓟州抽水蓄能电站前期工作，鼓励发电企业参与深度调峰，提升电力系统调节能力到 2025 年，全市煤电装机容量控制在 1250 万千瓦以内，清洁能源装机超过 1300 万千瓦
西藏	提升非化石能源消费比重，科学开发光伏、地热、风电、光热等新能源，加快推进"光伏+储能"研究和试点，大力推动"水风光互补"，推动清洁能源开发利用和电气化走在全国前列，2025 年建成国家清洁可再生能源利用示范区

资料来源：建投投资/建投华文根据北极星电力网、各省发改委官网等资料整理。

在国家层面的顶层设计、地方层面的积极推行之下，储能产业有望在"十四五"期间迎来快速发展。根据《2022 年储能产业研究白皮书》预测，保守估计 2026 年新型储能累计规模将达到 48.5GW，2022~2026 年复合年均增长率（CAGR）将达到 53.3%，市场将呈现稳步、快速增长的趋势。基于理想场景，2026 年新型储能累计规模将达到 79.5GW，2022~2026 年复合年均增长率（CAGR）为 69.2%。

（二）多种储能技术推动下，电化学储能或成为发展重点

目前，抽水蓄能在全球和国内的累计装机量均遥遥领先。国家能源局印发的《抽水蓄能中长期发展规划（2021~2035）》指出，到2025年抽水蓄能投产总规模达到6200万千瓦以上；到2030年达到1.2亿千瓦左右。抽水蓄能规模的持续扩大有利于提升大电网综合防御能力，保障电网安全稳定运行。

在政策引导下，其他储能技术也加速发展，新兴技术路线不断涌现，如液流电池、飞轮、压缩空气、氢（氨）储能、热（冷）储能等，政策层面鼓励推动多种储能技术的联合应用。"十三五"以来，以锂离子电池为代表的新型储能已完成由研发示范向商业化初期过渡，实现了实质性进步。我国锂离子电池储能技术也已达到世界领先水平，电池安全性、循环寿命和能量密度等关键技术指标均得到大幅提升，应用成本快速下降。中长期内，多种储能路线将并行发展，但锂离子仍在电化学储能领域占据主导地位。

表9展示了各类储能方式的技术对比。

表9　各类储能方式的技术对比					
技术路线	储能技术	基本原理	主要优点	主要缺点	指导意见/发展规划
电化学储能	锂离子电池	正负电极由两种不同的锂离子嵌入化合物构成。充电时，正锂离子从正极脱嵌经过电解质嵌入负极；放电时则相反，正锂离子从负极脱嵌，经过电解质嵌入正极	寿命长、高能量密度、效率高、响应速度快、环境适应性强	价格依然偏高，存在一定的安全风险	推动锂离子电池等相对成熟新型储能技术成本持续下降和商业化规模应用

技术路线	储能技术	基本原理	主要优点	主要缺点	指导意见/发展规划
电化学储能	铅酸电池	将铅蓄电池的正极二氧化铅和负极纯铅浸入电解液中，两极间会产生2V的电势	技术成熟、结构简单、价格低廉、维护方便	能量密度低、寿命短，不宜深度充放电和大功率放电	/
	液流电池	将具有不同价态的钒离子溶液分别作为正负极的活性物质，储存在电解液储罐中。电解液通过泵的作用分别循环流经电池的正负极室，并在电极表面发生氧化和还原反应，实现对电池的充放电	中国钒资源丰富、安全性高、充放电性能好、能量效率高	能量密度低、对环境温度要求苛刻、系统复杂	液流电池技术进入商业化发展初期
	钠硫电池	正极由液态的硫组成，负极由液态的钠组成，电池运行温度需保持在300℃以上，以使电极处于熔融状态	能量密度高、循环寿命长、功率特性好、响应速度快	阳极的金属钠是易燃物，且运行在高温下，因而存在一定风险	加快钠离子电池技术开展规模化试验示范
机械储能	抽水蓄能	电网低谷时利用过剩电力将水从低标高的水库抽到高标高的水库，电网峰荷时，高标高水库中的水回流到下水库推动水轮发电机发电	技术成熟、功率和容量较大、寿命长、运行成本低	受地理资源条件的限制，能量密度较低，总投资较高	到2025年，抽水蓄能投产总规模6200万千瓦以上
	飞轮储能	利用电能将一个放在真空外壳内的转子加速，将电能以动能形式储存起来	功率密度高、寿命长、环境友好	能量密度低、充放电时间短、自放电率较高	加快飞轮储能技术开展规模化试验示范

续表

技术路线	储能技术	基本原理	主要优点	主要缺点	指导意见/发展规划
机械储能	压缩空气	利用过剩电力将空气压缩并储存，当需要时再将压缩空气与天然气混合，燃烧膨胀以推动燃气轮机发电	容量大、工作时间长、充放电循环次数多、寿命长	效率相对较低、建站条件较为苛刻	压缩空气技术进入商业化发展初期
电磁储能	超导储能	将一个超导体圆环置于磁场中，由于电磁感应，圆环中便有感应电流产生，超导磁体环流在零电阻下无能耗运行持久地储存电磁能	功率大、质量轻、体积小、损耗小、反应快	高制造成本、低能量密度、需要在低温条件下使用	
	超级电容器储能	通过电极与电解质之间形成的界面双层来存储能量	能量密度低、投资成本高	高制造成本、低能量密度、低温下使用	
其他储能	热储能	热能被储存在隔热容器的媒质中，可被转化回电能	可用于供暖、供工业蒸汽	需要高温化学热工质	探索开展储氢、储热及其他创新储能技术的研究和示范应用
	氢储能	制氢并将氢气储存起来，需要时，将氢气转为电能	高效、清洁、能量密度高	成本高、运输难	

资料来源：CNESA，建投投资/建投华文整理。

2020年，在全球已投运的电化学储能项目累计装机中，锂离子电池占比最高，达到92%；在我国已投运的电化学储能项目累计装机中，锂离子电池占88.8%，锂离子电池已成为全球主流的电化学储能技术路线。按照技术路线划分，锂离子电池可分为磷酸铁锂电池和三元锂电池，磷酸铁锂电池在循环寿命、安全性、成本方面均优于三元锂电池，具体对比详见表10。

表10　磷酸铁锂电池和三元锂电池参数对比		
指标	磷酸铁锂电池	三元锂电池
重量能量密度（Wh/kg）	150	300
体积能量密度（Wh/L）	350	700
循环寿命（次）	2000～3000	500～800
电池组循环寿命（次）	1500～2000	300～500
成本（元/度）	0.62～0.82	0.86～1.26
安全性	较好	较差

资料来源：建投投资/建投华文根据前瞻经济学人资料整理。

随着新能源汽车的快速发展和电池制造技术的完善，锂离子电池已实现规模化生产，单位容量储能电池的制造费用持续下降。据彭博新能源财经统计，2020年全球锂离子电池平均价格已降至137美元/kWh，较2013年下降近80%。[1]《"十四五"新型储能发展实施方案》提出，计划到2025年，包括锂离子电池在内的电化学储能技术系统成本降低30%以上。

从竞争格局来看，储能锂电池市场尚未形成完全固化的竞争格局，全球参与者主要集中在中、日、韩等国家，国内企业包括宁德时代、天津力神、海基新能源等。但从储能锂电池出货量口径看，宁德时代在国内厂商中具备显著优势。

图17展示了以中国市场出货量维度进行计算的2020年中国储能系统电池厂商市场占有率。

---

[1]　董瑜：《2021年储能行业研究报告》，腾讯网，访问日期：2022年7月28日，https：//xw.qq.com/cmsid/20210511A05OH900。

图17　2020年中国储能系统电池厂商市场占有率（中国市场出货量）

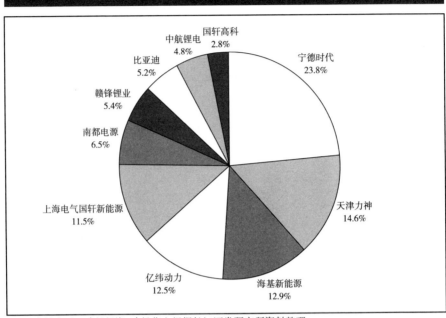

资料来源：建投投资/建投华文根据长江证券研究所资料整理。

（三）商业模式多样性发展更加成熟

储能在电源侧的主要应用领域之一是可再生能源并网，通过配置一定规模的储能系统，保障电网供电安全，实现发电和负荷的平衡，从而实现减少弃风和弃光，增加电站收益。"风电+储能""光伏+储能"的组合发电模式逐步成为未来新增发电设备的主要方案。

全国新能源消纳监测预警中心数据显示，2020年全国弃风电量166.1亿千瓦时（风电发电总量为4760亿千瓦时），风电利用率96.5%，弃风率3.5%。弃光电量52.6亿千瓦时（光伏发电总量2630亿千瓦时），光伏发电利用率98.0%，弃光率2.0%。若配置10%储能，可增加消纳风电16.6亿千瓦时、光伏5.26亿千瓦时，可分别提高弃风率、弃光率0.36个百分点、0.2个百分点。

我国调频电源主要为火电机组，火电机组调频响应慢，而水电调频地理条件受限，为了实现碳达峰、碳中和的目标，火电机组面临转型压力。储能在电网侧的主要应用领域是电力辅助服务市场，储能系统可有效提升以火电为主的电力系统整体调频能力，可作为辅助传统机组调频的有效手段，以此获得准入许可，得到服务收入。为电网提供调峰、调频、备用容量等服务，以此获取市场化收入、补偿收入或提成。

根据国家能源局公布的数据，2019 年上半年，电力辅助服务市场补偿费用共 130.31 亿元，占上网电费总额的 1.47%。其中，火电机组的补偿费用占比为 94.98%，水电站占比为 3.42%,[①] 补偿费用的具体结构详见图 18。

图18 电力辅助服务补偿费用的结构

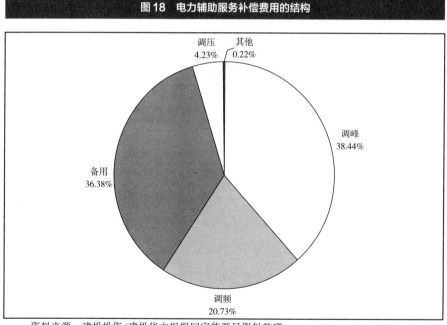

资料来源：建投投资/建投华文根据国家能源局资料整理。

在储能调频的政策中，规定了储能的补偿机制，目前大多数省份采用里程补偿，部分省份采用"容量补偿+里程补偿"的方式，具体的补偿规则详见表 11。

---

① EnergyTrend：《2019 年上半年电力辅助服务补偿费用达 130.31 亿元，调峰、调频和备用补偿费用占比 90%以上》，EnergyTrend，2019 年 11 月 6 日，https：//www.energytrend.cn/news/20191106-77724.html。

地区	补偿方式	里程补偿	容量补偿	准入门槛
福建	容量补偿+里程补偿	调节里程×12元/MW	调节容量×调用率×240元/MW（华东）、960元/MW（省市）	综合调平性能指标不低于0.53
广东	调频里程+调频容量	调节里程×调节性能×（5.5~15元/MW）	中标容量×3.56元/MW	
内蒙古西部经济区	调频里程+调频容量	调节里程×调节性能×（6~15元/MW）	中标容量×60元/MW	所有新建AGC单元
山西	投运时间+调频里程	调节深度×调节性能×（5~10元/MW）		
京津唐	调节里程	调节深度×调节性能×（0~12元/MW）		
山东	调节里程	调节深度×调节性能×（0~8元/MW）		
甘肃	调节里程	调节深度×调节性能×（0~15元/MW）		
四川	调节里程	合格贡献量×50元/MWh		综合调频性能>1须申报AGC市场
江苏	基本补偿+调用里程	调节深度×调节性能×2元/MW	中标容量×（0.1~0.2元/MW）	可申报

表11　部分地区电力调频服务补偿规则

资料来源：建投投资/建投华文根据北极星电力网、各地发改委官网等资料整理。

储能参与调峰的政策中，多数地区对于可以参与调峰的储能规模进行了限定，具体规则详见表12。

表12　各地区电力调峰服务补偿规则

地区	储能规模准入门槛	补偿价格
湖南	紧急短时调峰：10MW及以上	深度调峰：上限200元/MWh
		紧急短时调峰：上限600元/MWh
青海	10MW/20MWh及以上	储能与风电场、太阳能电站双边协商议价。储能参与电网调峰：0.5元/kWh
	10MW/40MWh及以上	储能调峰：上限800元/MWh

续表

地区	储能规模准入门槛	补偿价格
东北	发电侧 10MW/40MWh 及以上	深度调峰：0.4~1 元/kWh
		用户侧储能双边交易：0.1~0.2/kWh
江苏	启停调峰 20MW/40MWh 及以上	中长期可调负荷调峰：谷段上限 0.25 元/kWh，平段上限 0.6 元/kWh，峰段上线 0.9 元/kWh。短期可调负荷调峰：需求时段 ≥4 小时上限 1 元/kWh；需求时段<4 小时上限 2 元/kWh。深度调峰：上限 600 元/MWh
新疆	20MW/40MWh 及以上	独立储能市场主体调峰：750 元~950 元/MWh
	5MW/10MWh 及以上	发电侧储能：0.55 元/kWh
	5MW/10MWh 及以上	储能调峰：400 元/MWh
华北	第三方主体 10MW/30MWh 及以上	最高上限 600 元/MWh
贵州	/	储能调峰：上限 0.2 元/kWh
	/	储能调峰：上限 0.5 元/kWh

资料来源：建投投资/建投华文根据北极星电力网、各省份发改委官网等资料整理。

  据国家能源局初步统计，现阶段包括调峰在内的辅助服务费用约占全社会总电费的 1.5%。根据国际经验，电力辅助服务费用一般占全社会总电费的 3% 以上。同时，会随着新能源发电量提升而增加比例。因此，我国电力辅助服务市场规模目前远低于国际水平，未来电力辅助服务需求将有很大的增长空间。

  储能在用户侧的主要应用领域是峰谷价差套利、降低容量电价、电力自发自用。通过低谷充电、高峰放电，时移电力需求实现电费节省，核心是峰谷价差。自发自用余电上网是指分布式光伏发电系统所发电力主要被用户自己使用，且将白天高功率时发的多余电量接入电网，该模式一般适合家庭屋顶和工商业屋顶。在光伏系统的基础上配套储能，即可实现白天和夜间的用电均由分布式光伏提供，提高自发自用水平，降低用电成本。此外，在发生停电故障时，储能可以将储备的能量提供给用户侧，保证供电可靠稳定性。

（四）资本加快布局，推动储能行业发展提速和集中度上升

根据 CNESA 数据库对投融资领域的不完全统计，2020 年以来，国内与储能相关的投融资资金主要来自风险投资、发电集团、电网公司、光伏企业和地方政府等。从融资类型上看，主要包括首次上市或者作为独立业务拆分上市的储能公司，通过公开发行股票而融资；不同储能技术路线公司通过取得阶段性成果获取融资；主营业务中包括储能业务的动力电池企业为扩产能而融资；当前电力市场环境中，企业为探索新的商业模式而融资；储能子公司获得母公司的增资；发电集团发起投资于储能相关产业的专项基金等。[①]

2021 年，储能领域一级市场投融资受大项目牵引呈现爆发式增长，大规模仍集中在锂电赛道；轮次集中在 B 轮和 C 轮，详细数据见图 19、表 13、表 14。

图19 储能概念投融资各轮次融资金额年度统计

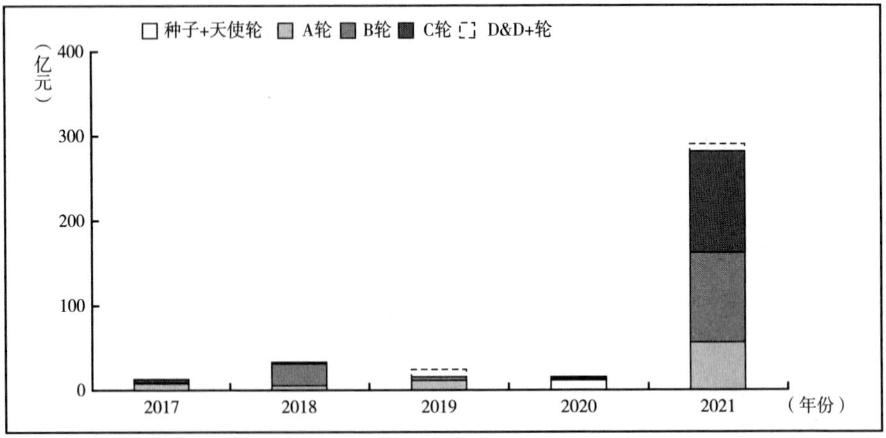

资料来源：建投投资/建投华文根据清科私募通、CNESA 等资料整理。

---

① 赵冉：《〈2021 年储能产业研究白皮书〉发布 我国储能装机累计达 35.6 吉瓦 在新能源发电侧装机同比增长 438%》，中国电力网，2021 年 4 月 16 日，http：//www. chinapower. com. cn/xw/gnxw/20210416/66664. html。

表13 一级市场储能细分赛道融资金额统计				
				单位：亿元
类别	2017 年	2018 年	2019 年	2020 年	2021 年
抽水蓄能	0.5	1.0		2.0	
压缩空气				1.6	1.8
钠离子电池				0.2	
铅蓄电池	1.1				
飞轮储能					0.1
氢储能					0.1
锂电储能	45.4	60.5	42.8	18.9	148.4
总计	47	61.5	42.8	22.8	150.4

资料来源：建投投资/建投华文根据清科私募通、CNESA 等资料整理。

表14 2020 年以来储能领域公司首次上市情况			
企业名称	上市时间	融资金额	主营业务
上能电气	2020 年 4 月	3.97 亿元	光伏逆变器、储能双向变流器等产品，并提供光伏发电系统和储能系统的集成业务
固德威	2020 年 9 月	8.34 亿元	光伏并网逆变器、光伏储能逆变器、智能数据采集器以及智慧能源等
派能科技	2020 年 12 月	21.68 亿元	锂电子电信制造、BMS、EMS 以及系统集成

资料来源：建投投资/建投华文根据 Wind 资料整理。

2021 年以来，储能领域的一级市场投融资活动集中在电池（电芯-模组-电池管理系统）和储能系统两个细分领域，投资机构认识到储能是实现碳中和目标的关键途径，是新能源产业长期稳定发展的积极支撑，是中长期内真正"长坡厚雪"的优质赛道，因此加快了对储能行业的布局。

四 储能领域投资机会

（一）产业链角度，关注产业链价值占比高、进入壁垒较高的中游制造环节

　　储能项目经济性的主要影响因素均与电池有关，初期电池环节是影响运营商采购决策的重要因素，这一环节通常价值量大，能够较产业链其他环节更易获得溢价。参与者大多同时从事新能源汽车动力锂电池业务，市场竞争格局尚未固化，例如，宁德时代、比亚迪等均具备一定的竞争优势。

　　在逆变器环节，主要的光伏逆变器厂商均已进军储能市场，如阳光电源、固德威、锦浪科技等，这些企业凭借在光伏领域积累的商务关系、技术与品牌口碑，具备在储能逆变器领域的先发优势。

　　因此，应优先专注于产业链价值占比高、进入壁垒较高的电池和逆变器环节，特别是具有高业绩弹性的企业。此外，已具备成熟项目经验、在特色领域占据一定市场份额、对应用场景需求或系统整合具有较深理解的专业系统集成商，或将受益于储能行业的长远发展，如海博思创、南瑞继保、库博能源等。

（二）应用场景角度，关注电源侧及产品服务应用于多个场景或业务布局延展性强的优势企业

　　电源侧是当前储能在我国电力系统应用中的主要场景，在政策端的大力驱动下，电源侧将率先打开市场空间。2020年，70%的国内储能新增装机项目是发电侧强制配置储能项目。电源侧项目通常规模远大于其他场景，因此有望快速提升相关企业的装机容量，抢占市场份额，并依托在发

电侧装机的良好运行表现向电网侧、用户侧或通信基站领域进行延展。宁德时代作为储能领域的龙头企业，已在电源侧、电网侧和用户侧实现全面布局。实际上，在场景分布广度上，企业间没有绝对优劣，也有聚焦细分领域的龙头玩家，在投资的过程中，应更加关注厂商的业务延展能力，注意随着机制完善和场景创新带来的突围机会，关注盈利潜能，紧跟行业内的竞争格局变化。此外，很多原先专注海外市场的厂商也开始加速回归国内市场，把握发电侧强制配置储能的政策机遇，这有利于快速抢占市场份额和构建下游生态网络。

五 企业案例

（一）派能科技：聚焦 B 端户用储能，实现产业链垂直整合

上海派能能源科技股份有限公司（以下简称"派能科技"），成立于 2009 年，总部位于上海，2020 年 12 月 30 日登陆科创板。

派能科技是一家领先的储能电池系统提供商，技术路线专注于磷酸铁锂，聚焦户用储能细分领域，超过 70% 的产品收入来自户用市场，同时也覆盖通信基站及数据中心等其他应用场景。致力于产业链纵向整合，已具备电芯、模组、电池管理系统、能量管理系统等储能核心部件的自主研发和制造能力。截至 2021 年底，拥有了 3GWh 的电芯年产能。

派能科技的快速成长与全球储能产业的发展密切相关。在其成立之初，整个储能行业尚处于示范应用期，产业化路径尚不明晰，在这样的大背景下，派能科技经历了较长时间的技术积累和专业沉淀。2010～2015年，全球储能产业革命深化，部分地区在商业化领域实现突破性进展。在美国加利福尼亚州，AB2514 法案为南加利福尼亚州电力公司带来 261MW

储能订单，特斯拉 Power Wall 产品上线；在德国，80 万户储能市场逐步兴起；在中国，电力体制改革序幕逐步拉开。2015 年，派能科技营业收入首次突破 1 亿元，实现净利润 1008 万元，实现扭亏为赢。

2015 年后，各国对储能产业的重视进一步增强，以补贴为主的政策陆续出台，大力支持储能技术的发展，共同推动了全球电化学储能的快速增长。

2018 年，储能产业迈入商业化初期。美国发布具有里程碑意义的 Order 841，多个州均将储能视作实现清洁能源目标和电网现代化的关键技术之一。在德国，户用储能领跑全球，并与屋顶光伏或电动车搭配使用。在储能产业进入快车道的时点，派能科技凭借技术优势和产品品质，获得了广阔的成长机会，2018 年实现营业收入 4.3 亿元，同比增长 197.2%。2019 年，营业收入突破 8 亿元，净利润则首次突破 1 亿元。

2021 年以来，全球储能产业进入规模化发展阶段，受益于各国对可再生能源的目标和承诺以及各类电力市场机遇的推动，储能行业蓬勃发展。2021 年，派能科技实现收入 20.6 亿元，同比增长 84.1%。

派能科技的业绩腾飞，既与储能产业的成长深度联结，也与其自身的技术及商业模式所构筑的核心竞争力密不可分。

首先，派能科技聚焦户用储能市场，成为细分领域的龙头企业，具备从细分场景向多元场景探索扩张的延展性。作为储能领域的早期玩家，派能科技并未盲目争抢近年来热门的发电侧或电网侧项目，而是依托十余年的技术积累，深度钻研储能技术，实现了户用产品的优质性能及成本竞争力的培育。2013 年，派能科技首套家用储能电池系统在欧洲商用，随后成功把握住了海外用户侧储能需求快速增长的市场机遇，与国际电池龙头 LG 和松下展开全球市场的竞争。

其次，派能科技实现了产业链的垂直整合，打通了核心价值链环节，转型成锂离子电池储能系统供应商。通过自主研发和技术积累，逐步掌握了储能产业链中核心的电芯、模组、电池管理系统、能量管理系统等多个环节的技术，把控了储能系统的核心价值量，并采用模块化设计，做到灵活满足从家用 kWh 等级到电网 MWh 等级的储能需求。垂直整合也带来了更好的成本控制能力和盈利能力，2019~2021 年，派能科技平均综合毛利率为 36.9%，远高于单一的电芯或电池系统制造商。

同时，派能科技选择对接 B 端客户，而并非构建自己的直销网络，从而实现更有效率的海外市场扩张，快速把握市场机遇。派能科技深度绑定了欧洲市场领先的储能系统集成商或新能源运营商客户，如 Sonnen、Segen、Kranich Solar 等，帮助其户用储能产品快速拓展到更多的家庭终端。这些集成商龙头在德国、英国、意大利等国家有较高的品牌知名度和市场占有率，产品也通常可以享受政府的清洁能源补贴，其对供应商资质审核严格，双方可以建立长期稳定的合作关系。

此外，派能科技还具备实力雄厚的股东背景，其控股股东是中兴新通讯股份有限公司（以下简称"中兴新通讯"），持股比例为 27.91%。中兴新通讯也是全球领先的通信设备制造商，是中兴通讯的第一大股东，持股比例为 21.30%。派能科技隶属于中兴新通讯的新能源储能赛道，广阔的集团产业版图可以为其发展提供业务协同和资金支持。正是受益于股东背景，派能科技于 2010 年就推出了首款通信备电产品，成为国内最早开展锂电池在通信基站领域应用研发的企业之一，其目前与中兴通讯的关联交易主要是向其提供通信基站后备锂电池。随着 5G 技术的发展和锂电池成本的下降，派能科技的通信备电业务也将实现扩张。

（二）明阳智能：投资布局储能关键赛道，通过战略合作绑定储能电芯供应商，实现产业协同发展

明阳智慧能源集团股份公司（以下简称"明阳智能"），成立于 2006 年，总部位于广东中山，2019 年登陆上证主板，是全球顶级的风机制造商和清洁能源整体解决方案提供商。在 2020 年中国风电新增装机市场中，明阳智能的市场占有率为 10%，已连续六年位居国内前三，在全球风电新增

装机量排名中也位居第六。明阳智能的业务涵盖大型风力发电机组及其核心部件的研发生产，以及风电场和光伏电站的开发建设与运营管理，其正在向风、光、储、氢一体化的产业集团发展目标积极迈进，储能便是其产业集团布局的重点之一。

2022年2月，明阳智能与上市公司江苏百川高科新材料股份有限公司（以下简称"百川股份"）及其控股子公司江苏海基新能源股份有限公司（以下简称"海基新能源"）签署投资协议，明阳智能拟向海基新能源增资1.9亿元，交易完成后，明阳智能的持股比例为13.03%。在公开披露的协议中，明阳智能承诺自增资完成之日起2年内，累计支持海基新能源1GWh的储能电芯或储能系统订单。明阳智能作为海基新能源的重要战略股东，双方将展开全面的产业协同。

在投资海基新能源之前，明阳智能已先后完成对国内风电轴承龙头企业——洛阳新强联回转支承股份有限公司、光伏异质结电池设备核心企业——苏州迈为科技股份有限公司，以及国内领先的异质结靶材及碲化镉生产企业——先导薄膜材料有限公司的投资，积极布局了新能源产业链的关键环节及核心零部件，正在擘画风光储氢一体化的矩阵式布局蓝图。

海基新能源成立于2016年，总部位于江苏江阴，是一家专注于储能锂电池研发及制造，业务覆盖储能专用电芯、储能电池系统以及储能项目承接的公司。作为国内储能领域的后起之秀，虽然成立时间较晚，但不同于绝大多数锂电厂商以动力电池为核心方向，海基新能源选择了聚焦储能锂电池的差异化竞争策略，专注于磷酸铁锂技术路线，逐步完成"电芯-模组-系统"的产品结构跃迁。2020年，中国新增投运的电化学储能项目中，海基新能源是装机规模排名第三的储能技术提供商。通过采用高效率、高均合浆技术，安全性的结构设计以及高一致性的成品方案，其电芯产品在容量及使用寿命方面性能都表现优异。同时，通过简化结构件和提升固含量等方式，海基新能源的产品有效减少了辅材的用量，降低了综合制造成本。2021年，海基新能源实现营业收入4.3亿元，在MWh级储能领域保持 15% 左右的市场占有率。

在磷酸铁锂储能系统的成本结构中，电池环节占比约为 60%，是储能系统稳健运行的核心所在，而高价值量的环节，便更能在储能市场快速增长过程中率先受益，分享更多的成长红利。明阳智能投资海基新能源，正是看重其在储能电芯领域的长期技术沉淀和可靠的产品品质，同时具备从电芯到系统的产品结构有助于支持明阳智能在风储、光储领域的延伸布局。明阳智能与海基新能源的战略合作是一次积极的双向选择，双方以融合共赢的姿态深度参与国家能源变革。

参考文献

《688063：派能科技首次公开发行股票并在科创板上市招股说明书》，东方财富网，2020 年 12 月 24 日，https：//data. eastmoney. com/notices/detail/688063/AN2020122314443152901. html。

李峰、耿天翔、王哲、李雅欣、李建林：《电化学储能关键技术分析》，《电气时代》2021 年第 9 期。

李俊华：《〈储能白皮书 2020〉发布透露未来行业大势!》，能源网，2020 年 5 月 21 日，http：//www. nengyuancn. com/newenergy/212677. html。

汽车智能化发展趋势及头部企业竞争力分析

郑超逸　田梓民

一 自动驾驶行业生变，ADAS 重回视野

2021 年 7 月 30 日，工信部出台《工业和信息化部关于加强智能网联汽车生产企业及产品准入管理的意见》，指出应当明确告知车辆功能及性能限制、驾驶员职责、人机交互设备指示信息、功能激活及退出方法和条件等信息；明确未经审批，不得通过在线等软件升级方式新增或更新汽车自动驾驶功能。

2021 年 8 月 16 日前后，美国国家公路交通安全管理局宣布，对特斯拉自动驾驶系统启动正式调查。理想汽车、小鹏汽车也纷纷在官网上修改了驾驶辅助系统的名称，删除了"自动"等词语。

从全球主要国家的自动驾驶推进规划与当前发展阶段来看，自动驾驶领域的法律监管正处在不断优化的过程中，预计到 2025 年可以实现 L4 级别高度自动驾驶。

对于传统主机厂来说，持续推进前装高级驾驶辅助系统（Advanced Driving Assistance System，ADAS）的渗透率，将带来巨大增量市场。促进 L0、L1 级别 ADAS 向 L2 级别 ADAS 转变升级，在人口结构转变的大背景下，这有助于更好地吸引"Z 世代"消费者。

对于新势力品牌来说，其往往更擅长营销，在城市核心设立展厅，完成 ADAS 的市场教育，加深用户对 ADAS 的认识，有助于培养用户的消费习惯。

ADAS 功能下沉、自主品牌崛起的大趋势，对国产供应商有利好的倾向。2020 年，在国内前视 ADAS 系统上，市场集中度极高，CR3 达到 58.3%，CR5 达到 74.2%。其中，电装的装配量最高，达到 127.6 万辆。整体市场渗透率超过 20%。

2021 年，由于几家国际车企下沉 ADAS 的装配，ADAS 供应商格局迎

来较大变化。

丰田汽车从 2019 年开始大规模导入 L2 级别 ADAS 的新车前装量产，丰田新全球架构（Toyota New Global Architecture，TNGA）与 L2 级别自动辅助驾驶的融合，成为旗下主力车型的标配。2020 年，丰田国内 ADAS 新车上险量达到 127.6 万辆，渗透率超过 80%，在这一过程中受益最大的是日本电装。2021 年，采埃孚拿下丰田下一代 ADAS 方案订单，这意味着采埃孚的装配量将显著增加。

2020 年，大众汽车（不含奥迪）在中国的销量达 285 万辆，ADAS 装配率达到 32%，从 2020 年开始，大众汽车的大部分改款车型和新车型陆续搭载 IQ. Drive 系统上市，供应商主要是博世和大陆集团，新系统供应商为法雷奥。

2020 年，通用汽车在中国的销量达 290 万辆，安波福（前身是通用汽车的零部件部门）为通用汽车旗下品牌以及奥迪提供 ADAS 方案，并在 2020 年与现代汽车联合成立自动驾驶公司，技术实力较强，研发出业界首个 L3 级别高精度自动驾驶系统，Audi zFAS 正是奥迪联合安波福一手打造的。

二　ADAS 快速渗透的背后——政策行为到市场行为的转变

政策驱动商用车 ADAS 快速普及，前装市场预计 2022 年初可以达成基本配置 ADAS 的初步目标。相较载重货车，营运客车配置 ADAS 的速度更快。目前，商用车配置的 ADAS 功能中仅 LAK 功能属于 L2 级别自动驾驶范畴。

客车方面，2020 年安装双预警系统的客车有 3.8 万辆的上险量，带有 AEB 功能大客车的上险量约为 1.5 万辆，由于客车双预警系统渗透率已经达到 100%，AEB 系统渗透率约为双预警系统的一半，可以预见客车的

AEB 系统市场至少存在 1 倍的上升空间，带有 AEB 系统的客车的上险量会从现在的 1.5 万辆逐步上升到 3 万~4 万辆。

卡车方面，从市场规模来看，牵引车前装销量大于重卡，2020 年牵引车前装销量为 83 万辆，12 吨以上重卡的前装销量为 79 万辆。但实际上，2020 年，重卡上险量多于牵引车，重卡新车上险量为 157.35 万辆，其中运营类牵引车上险量为 75.98 万辆，占比为 48.29%，造成这种现象的主要原因是重卡政策中要求高于 90km/h 才需要强制性安装，而大部分车企将车型公告中的限速设置在 89km/h，因此，其没有进入前装出厂法规强制范围。

后装市场的 ADAS 产品多为标准品，不需要经过长时间车厂验证就可以快速上市，且传感器和芯片等零组件的取得并不困难，这降低了投入开发的门槛。

目前，后装 ADAS 系统以不介入车辆三大控制系统（方向盘、刹车和油门）的警示类功能为主，功能仅仅停留在 L0 级别，包括盲点侦测（BSD）、车道偏移警示（LDW）、前方碰撞警示（FCW）、行人及自行车碰撞警示（PCW）、前方车距监测与警示（HMW）、超速警示（SLI）、道路号志辨识提醒（TSR）、驾驶人警示（DMS）、胎压侦测（TPMS）、360 度全景停车辅助（SVC）与影像倒车辅助（PAS）等。

乘用车 ADAS 渗透由市场行为主导，由新能源车逐渐扩散至燃油车。

欧洲、美国和日本均已将 ADAS 列入汽车安全法规范畴，美国国家公路交通安全管理局自 2011 年起就将汽车前方碰撞警示纳入车辆安全评分范围，并规定自 2018 年开始五星安全标准车辆必须配备 AEB。

2021 年上半年，在"缺芯"的大背景下，国内 ADAS 渗透率依然保持了高速增长的态势。高工智能汽车研究院的监测数据显示，2021 年 1~6 月，国内新车（合资+自主）搭载前向 ADAS（L0 级别、L1 级别、L2 级别）的上险量为 381.63 万辆，同比增长 41.03%。其中，2021 年上半年，前向 L2 级别 ADAS 新车搭载上险量为 154.63 万辆，同比增长 86.21%，出现这种情况的一部分原因是 2019 年上半年 L2 级别 ADAS 搭载量基数较小。在搭载率方面，2021 年 1～6 月，前向 L2 级别 ADAS 新车前装搭载率为 15.38%，同比增长约 4.3%。[①]

三 ADAS 由前视一体机转向自动驾驶域控制器

目前，各芯片方案均可实现 L2 级别自动驾驶，自动驾驶的技术核心在于硬件层的芯片以及软件层的算法和数据。其中，芯片的数据处理速率（算力/功耗）是自动驾驶等级的主要参考指标之一，根据分类，L3、L4、L5 级别自动驾驶芯片系统的算力要求分别达 30+TOPS（Tera Operations Per Second）、200+TOPS、1000+TOPS。

由于目前的法律法规并不完善，L3 级别及以上自动驾驶汽车在正常路网行驶存在风险，因此大部分主机厂只布局到 L2 级别自动驾驶。各家芯片均已实现 L2 级别自动驾驶目标，在未来 1～2 年将处于市场爆发期，L2 级别以下自动驾驶前装量将持续维持较高增速。

L1 级别自动驾驶的代表为丰田，ADAS 搭载率高达 82.2%，10 万～20 万元级别车基本可选自动驾驶功能方案。L2 级别自动驾驶的代表为特斯拉，直接带动 20 万元级国产自主品牌增加 L2 级别自动驾驶的前装量，部分车型可以实现部分 L3 级别自动驾驶功能。

软件算法及交付是差异化竞争的核心，在人工智能领域，关键性技术应用需要追求无限趋近于 100% 的准确率，在达到一定的精度之前，其无法进行商业化生产，而自动驾驶就是关键性技术应用，通过软硬件结合提升精度将是由 L2 级别迈向 L3+级别的关键。

全球芯片供应商以 Mobileye（英特尔）、英伟达、华为、高通、地平线

---

① 《ADAS"中国战事"升级》，高工智能汽车 V 百家号，2021 年 8 月 27 日，https://baijiahao.baidu.com/s？id=1709209499588017045&wfr=spider&for=pc。

等企业为主；在硬件性能差距逐渐缩小或逐步趋同的情况下，算法是各家ADAS供应商或车企进行长期差异化竞争的核心，不同的软件算法对应的自动驾驶功能兑现性及用户体验将有明显的差异，所以，目前，在各家芯片算力不断提升的情况下，L2级别及以下自动驾驶的核心在于软件算法的能力以及车规级的交付能力。

ADAS一体机到自动驾驶域控制器的趋势已经较为明确。传统汽车分布式E/E架构下，ECU（Electronic Control Unit）控制单一功能，用MCU芯片即可满足要求。随着汽车电子化、自动化程度提升，车载传感器的数量持续增加，传统的分布式架构出现瓶颈。一方面，ECU算法只能处理指定传感器的数据，算力不能共享；另一方面，分布式架构新增传感器和ECU的同时，需要在车体内部署大量通信总线，增加装配难度和车身重量。此外，车内ECU来自不同的供应商，开发人员无法实现统一化编程和软件升级，无法实现整车OTA（Over-The-Airtechnology，空中下载技术）升级。

汽车域集中架构下的域控制器（DCU）和中央集中式架构下的中央计算机需要SoC芯片，随着智能网联汽车时代的到来，以特斯拉为代表的汽车电子电气架构改革先锋率先采用中央集中式架构，即用一个电脑控制整车，并可以很好地实现整车OTA升级。在全球范围内，各大主机厂均已认识到汽车控制集中化的大趋势，虽然不同主机厂对控制域的划分方案不同，但架构朝着域控制与集中式控制的方向相同。域控制器集成前期的诸多ECU的运算处理器功能，因此相比ECU，其对芯片算力的需求大幅提升，相应地，这就需要用到算力更高的SoC芯片。

老款E级车（如BMW 7系-2009款）中，ADAS系统配置了14个ECU，半导体平均BOM成本为618美元。更先进一代E级车（如BMW 7系-2015款）中，E/E架构发生变化，新增了融合ECU，并且使用了以太网通信，然而半导体平均BOM成本却下降了10%。

ADAS一体机是在汽车分布式E/E的结构下，由单ECU或MCU控制的 ADAS 方案，由于平台切换速度较慢，燃油车大多采用 ADAS 一体机。

多个传感器融入 ADAS 系统中，如摄像头、毫米波雷达和激光雷达等，产生的数据量大，且不同功能的发挥都需要这些数据，每个传感器模块需要能对数据进行预处理，并通过车载以太网传输数据。为了保证数据处理结果最优化，最佳的解决方式是将功能控制都集中在一个核心处理器里，这就产生了对域控制器的需求。

在自动驾驶芯片与域控制器的选择上，目前，特斯拉的方案最为激进：经过从 Mobileye 到英伟达，并最终转为自研芯片等多个阶段。2019年，特斯拉推出 Autopilot 3.0，采用自研的 2 块 FSD（Full Self-Driving）芯片，实现 144TOPS 的算力和 72W 的功耗，FSD 计算平台的性能相比 Autopilot 硬件 2.5 版本提升了 21 倍，然而功耗仅高出约 25%，其成本只有 Autopilot 硬件 2.5 版本的 80%。

受特斯拉影响，以蔚来汽车、小鹏汽车、理想汽车为代表的造车新势力逐渐从 Mobileye 转向英伟达，企业开始追求更高的算力以支撑更复杂的算法。

传统厂商则相对较为保守，例如，丰田、大众、宝马等传统主机厂仍普遍采用 Mobileye 的芯片。

自动驾驶域控制器预计将在 2022 年前后爆发，传统车企及 Tier1 车企开始推广纯电平台以及域架构。由于技术难度较高，自动驾驶域控制器将晚于座舱域爆发，预估会在 2022~2023 年。

2020 年 6 月，奔驰和英伟达达成合作意向，双方将基于英伟达自动驾驶平台打造新的车载计算架构，共同开发 AI 和自动驾驶汽车应用，包括 SAE L2 级别和 L3 级别的功能以及自动泊车功能（最高可达 L4 级别），并计划在 2024 年，将新架构部署在下一代奔驰汽车上。

2021 年 5 月，一汽红旗展示了下一代 FEEA3.0（飞刃计划）架构。

2021 年 6 月，长城发布 GEEP3.0，将电子电气架构分为四大域，即影音域、驾驶辅助域、车身域、驾控域，并计划于 2024 年实现 GEEP5.0 架构的中央控制。

2022 年，奥迪将基于 MEB 平台，推出紧凑型车、中型车市场的更多细分车型，同时将进一步扩大中国市场的纯电动产品阵容。到 2023 年，奥迪将在全球亮相首批 PPE 平台车型，并在中级、全尺寸车型细分市场继续进行布局。

四 ADAS 核心硬件主要由芯片和传感器构成

自动驾驶芯片是指可实现高级别自动驾驶的 SoC 芯片，通常具有"CPU+XPU"的多核架构。L3+级别的车端中央计算平台需要达到 30+ TOPS 的算力，因此，只具备 CPU 处理器的芯片不能完全满足需求。自动驾驶 SoC 芯片通常需要集成除 CPU 之外的一个或多个 XPU 来进行 AI 运算。用来进行 AI 运算的 XPU 可选择 GPU（Graphics Processing Unit）、FPGA（Field Programmable Gate Array）、ASIC（Application Specific Integrated Circuit）等多种形式。

GPU、FPGA、ASIC 在自动驾驶 AI 运算领域各有所长。CPU 通常为 SoC 芯片上的控制中心，其优点在于调度、管理、协调能力强，但 CPU 计算能力相对有限。对于 AI 运算而言，人们通常用 GPU、FPGA、ASIC 来进行加强。GPU 适合对数据密集型应用进行计算和处理，尤其擅长处理 CNN 和 DNN 等和顺序无关的图形类机器学习算法。FPGA 则对于 RNN、LSTM、强化学习等有关顺序类的机器学习算法具备明显优势。ASIC 是面向特定用户的算法需求设计的专用芯片，因"量身定制"而具有体积更小、重量更轻、功耗更低、性能提高、保密性增强、成本降低等优点。

在自动驾驶算法尚未成熟、固定之前，"CPU+GPU+ASIC"架构仍然会是主流。在自动驾驶算法完全成熟之后，定制批量生产的低功耗、低成本的专用自动驾驶 AI 芯片（ASIC）将逐渐取代高功耗的 GPU，"CPU+

ASIC"架构将成为主流。

GPU 本是为支撑大型电脑游戏的图像处理而设计的，适用于机器学习神经网络训练，但其缺点是功耗大、计算能耗比低。计算能耗比的顺序为 ASIC>FPGA>GPU>CPU。专用 AI 芯片（ASIC）针对 AI 算法采取特殊设计，具有体积更小、功耗更低、可靠性更高、性能更高的优点，缺点是一次研发费水平高、周期长。

FPGA 适合进行算法的开发测试，不具备量产成本优势。FPGA 开发的人工智能处理器具有高性能、低能耗、可硬件编程的特点，但 FPGA 在大规模量产方面不具备成本优势。故前文采用"CPU+FPGA"方案的主要为百度、Waymo 等专注于自动驾驶算法软件开发的公司。

雷达方面，毫米波雷达被传统 Tier1 垄断，存在国产替代机会。毫米波雷达性价比高，全天候可以使用，可进行大规模推广，当前车用毫米波雷达主要分布在 24GHz 和 77GHz 两个频段。其中 24GHz 主要用于中短距离雷达，探测距离为 50~70 米；77GHz 主要用于长距离雷达，探测距离为 150~250 米。目前，市面上主流的 77GHz 毫米波雷达单价在 1000 元左右，24GHz 毫米波雷达单价在 500 元左右。2021 年 3 月，工信部组织起草了《汽车雷达无线电管理暂行规定（征求意见稿）》，其中明确提出，将 76~79GHz 频段规划用于汽车雷达。

毫米波雷达的关键技术被外商垄断，集中度较高。在全球毫米波雷达市场上，占主导地位的是德国、美国、日本等国家。目前，毫米波雷达技术主要被博世（Bosch）、大陆集团（Continental）、天合汽车集团（TRW）、法雷奥（Valeo）、海拉（Hella）、德尔福（Delphi）、电装（Denso）、奥托立夫（Autoliv）、富士通（Fujitsu）等厂商垄断。维宁尔、大陆集团、海拉和安波福等国外厂商的 24GHz 毫米波雷达出货总量占中国的 89.8% 以上，博世、大陆集团和电装等的 77GHz 毫米波雷达出货总量占中国的 89.7% 左右。

博世的毫米波雷达下游客户分布广泛，包括大众、奥迪、奔驰、福特、日产、菲亚特、保时捷、吉利、长安等。大陆集团的下游客户包括丰田、福特、通用、大众、奔驰、现代、宝马、沃尔沃、凯迪拉克、广汽集团、东风汽车等。2018~2020年，全球毫米波雷达市场规模分别为35亿美元、42亿美元、51亿美元，CAGR超过20%。

激光雷达技术尚未成熟，固态路径是未来方向。车载激光雷达是L4级别自动驾驶不可或缺的传感器，目前价格昂贵，属于精密光学仪器，生产成本较高，寿命有限，无法进行大规模商用。预计在2025年大规模开启L4级别自动驾驶后，市场进入爆发期，2030年，激光雷达的市场规模可以超过100亿美元。

视觉方案中软件算法能力是关键，Mobileye与特斯拉的视觉路线证明，在L3级别以下的自动驾驶中，采用纯视觉方案是可行的。与传统摄像头不同，自动驾驶摄像头行业最重要的部分并非摄像头硬件本身，而是自动驾驶芯片，以及基于芯片的视觉系统自动驾驶算法和解决方案。

特斯拉抛弃激光雷达，借助算法弥补感知水平差距。当前，其主要应用车载前端三目摄像头来判断道路信息，借助毫米波雷达来探测周边环境，同时配合搭载在车身周围的摄像头以及超声波雷达，实现L3级别自动驾驶，因此硬件成本比较低。但这套硬件方案的感知水平也较低，特斯拉需要依托其在软件算法方面的能力提升与大量数据训练来加以弥补。

Mobileye同样为单一的视觉方案商。其设计的"ViDAR"系统单靠摄像头实现类似Lidar的数据输出；通过二维图像序列构建完整的三维结构模型，实现在3D空间中对探测物体的定位。但由于Mobileye采用"算法+芯片"的捆绑销售模式，主机厂无法根据自己的需求设计算法、积累技术。

相对而言，视觉方案需要依靠对大量数据的反馈，不断提升识别的准确度，使算法越来越"聪明"。

五 未来趋势——自动驾驶重要性提高，主机厂希望掌握核心能力

特斯拉的出现犹如 Apple 4s 的量产，给汽车行业带来了新的机会，搅动了汽车行业百年以来形成的世界格局。重要的是，这给中国自主品牌汽车带来难得一遇的市场机遇。

随着汽车领域的玩家越来越多，顶级人才进入这个行业，行业发生了巨大的变革。以往汽车行业属于十分传统的制造业，还未开始"破圈"。但现在，汽车的定义已逐渐变得模糊，其很可能成为除手机外最能连接用户的终端，因此稍有想法的公司都参与到这一行业中。目前来看，汽车行业的想象空间巨大，顶级公司在主业增长乏力后，或多或少在参与并尝试颠覆汽车行业，因此我们会发现，有的企业将汽车当成平板电脑，有的企业将汽车当成家电，有的企业将汽车当成大型移动手机。

在这样的背景下，传统汽车厂商如何巩固自己的优势，如何避免成为汽车行业的"富士康"，是值得思考的问题。随着内燃机逐渐式微，各主机厂的发力点纷纷切换至混动、三电、算法等方面。

没有能力的车企选择 Mobileye 视觉、传统 Tier1 毫米波雷达一站式方案，有想法的车企正在快速补齐算法劣势。

从现状来看，高度耦合的软硬件一般拥有更高的计算效率，但同时其限制了下游厂商在自动驾驶领域开发的自由度。以 Mobileye 为例，"软件+芯片"的黑箱子解决方案的软硬件耦合非常紧密，开放性较低，这一特点使其即使在芯片算力方面没有绝对的优势，也能实现较高等级的自动驾驶。

从顾虑来看，在自动驾驶时代，数据往往是一家公司的核心竞争力，任何一家厂商都不愿将核心数据与算法拱手相让。通常情况下，Mobileye

只会将处理后的感知目标结果输出给车企，而不会提供原始数据，因此，很多厂商在与 Mobileye 合作时会有更多的顾虑。

从对策来看，与人脸识别算法路径类似，封闭系统逐渐开放，实现开源，旨在共同做大蛋糕。车企通过招兵买马提升软件实力，在软件算法层面加大研发力度。

六 ADAS 与 AD 公司正在不断演进，供应链分工明确

自动驾驶方案供应商主要分为三大类：基于高级别自动驾驶的 Robotaxi 商业模式、面向量产的从 L2 级别向高级别自动驾驶演进的方案供应商（新一代自动驾驶方案供应商），以及面向传统 L2 级别的自动驾驶方案供应商。

高度依赖算法与数据迭代的自动驾驶呼唤新型自动驾驶供应商的出现，新一代供应商将与主机厂深度绑定，软件研发实力强，其借助主机厂量产车路测数据进行算法迭代，与主机厂合作以进行资源互补。

基于高级别自动驾驶的 Robotaxi 商业模式，包含 Lidar 的自动驾驶方案。这类方案不面向主机厂短期内的量产需求，因此不能自主造血，经营资金主要来自融资，代表企业为小马、文远、AutoX 等。

面向量产的从 L2 级别向高级别自动驾驶演进的方案供应商，量产主要基于视觉感知高级别自动驾驶方案，因此倾向于使用不包含 Lidar 的纯视觉方案，在实际量产车型中，此类供应商可获得一定量的订单份额，具备一定营收能力，代表企业为 Momenta、毫末智行、禾多科技等。

面向传统 L2 级别的自动驾驶方案供应商，量产方案主要基于视觉感知，缺乏视觉雷达、高精地图以及数据闭环能力，落地量产速度快，在低级别自动驾驶领域拥有最成熟的量产落地方案，代表企业为恒润科技、福瑞泰克、智驾科技等。

中国动态血糖监测行业发展现状和投资趋势观察

吴 瑶

动态血糖监测（Continuous Glucose Monitoring，CGM）是指通过葡萄糖感应器监测皮下组织间液葡萄糖浓度，从而间接反映血糖水平。动态血糖监测不断增强产品性能，在全球Ⅰ型糖尿病和需要胰岛素强化治疗的Ⅱ型糖尿病患者中，使用渗透率逐步提高。2020年全球动态血糖监测市场规模约为57亿美元，预计到2030年全球市场规模将达到365亿美元。[①]

我国动态血糖监测行业处于发展初期，市场规模尚小，预计将成为医疗器械领域的蓝海赛道。本文将对动态血糖监测行业的发展现状进行介绍，并分析其投资趋势，为把握该领域的投资机会提供参考。

一　糖尿病及血糖仪的广泛应用

根据世界卫生组织的定义，糖尿病是一种慢性病，当胰腺产生不了足够的胰岛素，或者人体无法有效地利用所产生的胰岛素时，就会出现糖尿病。糖尿病患者体内胰岛素的缺乏或作用缺陷，造成患者体内的葡萄糖持续存留在血液中循环，进而导致患者血糖水平升高。糖尿病引起的高血糖水平会对患者身体各种器官和组织，尤其是眼、肾脏、心脏、血管、神经等，造成持续的伤害，会大幅提高其他疾病的发生率。虽然糖尿病目前尚无法根治，但通过血糖管理，保持正常血糖水平，可以有效避免糖尿病并发症，延长患者寿命，使其健康生活。为此，临床医生和科技界针对糖尿病一直在持续不断地探索。

血糖仪的发现和大规模应用，可以称为糖尿病治疗历史中的里程碑事件之一。血糖仪诞生于20世纪70年代，由汤姆·克莱曼斯（Tom Clemens）在1968年首先发明，被拜耳公司量产，每台价格折合4100元左右。初代血糖仪的使用非常烦琐，需要进行水洗，此后，血糖仪性能不断改进，操作越来越便捷和人性化。1986年电化学法血糖仪诞生，在商业化上取得巨大成功，并产生

---

① 代雯、高鹏：《星火燎原，如日方升》，华泰证券，2021年6月20日，第5页。

了雅培、罗氏、拜尔、强生四大进口品牌。自1995年强生公司进入中国以来，中国的血糖监测市场已经经历了近30年的培育与发展，糖尿病患者对血糖仪的接受度越来越高，并诞生了三诺、怡成、鱼跃、艾科等国产血糖仪品牌。

科技是满足患者需求和拉动产业增长的源泉。在传统血糖仪商业化不断推进的过程中，动态血糖监测系统也开始问世。自1999年首台CGM设备问世以来，其已经有超过20年的发展历史，在发达国家逐步取得商业化成功。但在中国市场，CGM设备仍处于产业孵育期，发展尚不成熟，可以预计，CGM设备将成为中国医疗器械市场的下一个蓝海。

二 动态血糖监测系统概述

1. 动态血糖监测产品的适应证

糖尿病的两大主要类型为Ⅰ型糖尿病和Ⅱ型糖尿病。其中，Ⅰ型糖尿病占比为5%~10%，Ⅱ型糖尿病占比为90%~95%，Ⅰ型糖尿病对胰岛素的依赖程度远高于Ⅱ型糖尿病。Ⅰ型糖尿病多发于儿童及年轻人，属于自体免疫性疾病，患者由于自身无法合成胰岛素，需要每日注射胰岛素以维持血糖水平。Ⅱ型糖尿病多发于成年人，患者合成胰岛素的能力并未完全丧失，多数可通过口服或注射药物进行控制。此外，还有妊娠期糖尿病，表现为女性在妊娠期间的血糖水平轻度升高，可通过健康饮食、适度锻炼和血糖监测进行控制，少数需要注射胰岛素或口服药物控制。妊娠期糖尿病的占比较低，通常会在分娩后自行消失，糖尿病患者分类情况见表1。

表1 糖尿病患者分类情况		
	Ⅰ型糖尿病	Ⅱ型糖尿病
人数占比	5%~10%	90%~95%
病因	受遗传因素影响，并与环境因素相关	有较强的遗传性，肥胖、缺乏锻炼、不健康饮食、吸烟、高血压、高龄等因素会提高患病概率

	Ⅰ型糖尿病	Ⅱ型糖尿病
并发症	增加患神经病、视网膜疾病、肾病、抑郁症的风险；易诱发酮症酸中毒，发病急骤，危及生命	增加患阿尔茨海默病的风险；易诱发心血管疾病、中风、神经病、肾病、视网膜疾病
预防方法	暂无	健康饮食、增加锻炼、避免肥胖症
治疗方法	每日注射胰岛素，使用血糖仪监测血糖（日均3.8次）	口服药物或进行药物注射治疗，使用血糖仪监测血糖（日均1.5次）
CGM	需要	胰岛素依赖和胰岛素强化需要

资料来源：笔者整理。

目前，临床上监测血糖的方式包括糖化血红蛋白（HbA1c）监测、自我血糖监测（SMBG）和动态血糖监测（CGM）。HbA1c反映患者近3个月的平均血糖水平；SMBG是通过指尖血监测某个时点的血糖值；CGM是通过葡萄糖感应器监测皮下组织间液葡萄糖浓度，从而间接反映血糖水平。美国临床内分泌医师学会（AACE）与美国内分泌学会（ACE）发布的《持续葡萄糖监测临床应用指南》明确了动态血糖监测产品可改善血糖控制情况，扩大动态血糖监测产品的使用范围，将提高糖尿病患者的健康状况。从全球来看，随着动态血糖监测产品技术的不断提高，动态血糖监测产品已成为糖尿病管理的重要手段。

动态血糖监测产品，对于Ⅰ型糖尿病和需要胰岛素强化治疗的Ⅱ型糖尿病患者意义重大。首先，动态血糖监测产品可以实时读取血糖数值，提供的血糖数据是连续的，为未来的医疗决策提供更多的信息。第二，动态血糖监测产品可以减少手指刺痛，改善患者产品体验。第三，当血糖超过预设标准值时，特别是在低血糖的情况下，动态血糖监测产品会报警，从而避免低血糖可能带来的昏迷甚至死亡，提高患者安全性等。第四，动态血糖监测产品可以与胰岛素泵联合使用，形成闭环产品。

凭借产品的独特优势，动态血糖监测产品在美国市场已取得了商业化成功。2011 年，美国 I 型糖尿病患者中使用动态血糖监测产品的比例仅为 6%，2018 年就已增至 38%。[1]

2. 动态血糖监测系统介绍

动态血糖监测系统主要包括可穿戴传感器、无线发射器、记录仪或显示器、传感器辅助植入装置、分析软件等部分。动态血糖监测产品多采用酶促技术，感应探头中葡萄糖氧化酶与组织间液葡萄糖分子发生反应，产生电信号，经过算法处理，转化为葡萄糖浓度，发送至记录仪或显示器[2]，具体又可分为实时型 CGM 系统和回顾型 CGM 系统两种形式。

实时型 CGM 系统，显示即刻血糖值，有高低血糖报警、预警机制，可减少患者低血糖和高血糖风险，临床医师可制定更个体化的治疗方案。回顾型 CGM 系统，回顾性记录、分析患者血糖波动情况，患者佩戴结束后能看到监测结果，旨在客观评估血糖情况，了解治疗方案的真实效果，向患者提出有针对性的建议，指导患者的饮食、运动、用药、睡眠等。

自 1999 年首台动态血糖监测系统设备问世之后，全球主要厂商包括美敦力、德康医疗和雅培，这三家公司各有作为，不断推出和更新自己的产品。

美敦力持续研发动态血糖监测产品，推出了包括 MiniMed 630G、MiniMed 640G、MiniMed 670G 等在内的一系列产品。2018 年，其推出了 Guardians Connect 系统，特点是产品可以与胰岛素泵兼容，形成自动监测血糖并调节胰岛素给药的闭环系统。MARD[3] 值从 MiniMed 630G 的 14.2% 到 MiniMed 640G 的 9.6%，MARD 值为 8.7% 时，传感器可使用 7 天。Guardian Connect 系统是全球首个独立的智能动态血糖监测系统，其通过蓝

---

① Lobo B., Farhy L., Shafiei M. et al., "A Data-Driven Approach to Classifying Daily Continuous Glucose Monitoring (CGM) Time Series," *IEEE Transactions on Biomedical Engineering*, 2022, 69 (2): 654-665.

② 蔡玉立、易波、陈小琳、文重远：《动态血糖监测技术与临床研究进展》，《中国糖尿病杂志》2021 年第 12 期，第 933~940 页。

③ 平均绝对相对误差（Mean Absolute Relative Difference，MARD）是目前最常用的评估 CGM 系统性能的指标。

牙将连续收集的血糖数据发送到用户智能手机中的"Guardian Connect 应用程序"，Guardian Connect 系统不与胰岛素泵兼容，但是目前唯一可提前60分钟提醒患者潜在高血糖或低血糖的动态血糖监测系统。

德康医疗也是动态血糖监测领域的代表公司之一，2012 年，其推出了Dexcom G4 CGM 系统，最新一代的 Dexcom G6 CGM 系统于 2018 年 3 月获得 FDA 批准。Dexcom G6 CGM 系统因出厂时已校准，在使用期间无须患者进行血糖校准，使用时间长达 10 天，MARD 值为 9.3%。该系统可与Tandem Slim X2 胰岛素泵联合使用，在胰岛素泵屏幕上可以看到血糖值及血糖变化趋势。

雅培于 2016 年推出辅理善瞬感（Free StyleLibre Flash）扫描式 CGM 设备。该设备在当时是首款在佩戴过程中无须进行指尖血糖校准的设备，出厂时已完成校准，可连续监测葡萄糖指标，每个传感器最多佩戴 14 天，MARD值为 11.4%。该设备每 8 小时用读取器扫描传感器 1 次，以免丢失数据，读取器可显示最近 8 小时血糖数据，每 15 分钟读取 1 次。但是，患者血糖超出安全范围时，设备不会发出任何警报，仅在使用接收器扫描传感器时显示测量值。

三　市场规模及行业驱动

根据灼识咨询的数据，2020 年，全球动态血糖监测市场规模约为 57亿美元，2015~2020 年 CAGR 达28.2%。预计到 2030 年，全球动态血糖监测市场规模将达到 365 亿美元（见图 1），行业处于快速成长阶段。传统血糖监测仪的市场规模约为 80 亿美元，意味着动态血糖监测系统设备的市场规模将慢慢超过传统血糖仪。

国内动态血糖监测行业尚处于发展初期，市场规模较小，2020 年，市场规模在 6.4 亿元左右，2030 年市场规模有望达到 143 亿元（见图

2）。①从美国市场的经验来看，凭借动态血糖监测系统设备的独特优势和不断升级，糖尿病患者对动态血糖监测系统设备的接受度将越来越高。

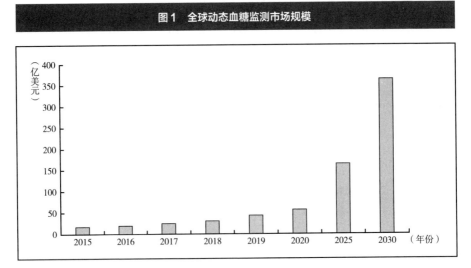

图1 全球动态血糖监测市场规模

注：2025年、2030年数据为预测数据。
资料来源：笔者根据灼识咨询资料整理。

图2 国内动态血糖监测市场规模

注：2022~2030年数据为预测数据。
资料来源：笔者根据华泰证券资料整理。

① 代雯、高鹏：《星火燎原，如日方升》，华泰证券，2021年6月20日，第32页。

动态血糖监测市场处于快速发展阶段。其核心驱动因素主要是庞大的糖尿病患者基数及其对精细化疾病管理的需求、政策驱动、适应证拓展和产品经济性的稳步提高等。

1. 糖尿病患者人数庞大，处于上升趋势

国际糖尿病联盟（International Diabetes Federation，IDF）报告显示，全球糖尿病患者人数从 2011 年的 3.66 亿人增至 2017 年的 4.25 亿人。最新数据显示，2021 年，全球糖尿病患者人数已达到 5.36 亿人。

中国是糖尿病大国，糖尿病患者人数由 2011 年的 0.90 亿人增至 2017 年的 1.14 亿人，2021 年达到 1.41 亿人，且仍呈上升趋势，预计到 2045 年，全球和中国糖尿病患者人数将分别达到 7.83 亿人和 1.74 亿人（见图 3）。糖尿病已经成为继心脑血管病、恶性肿瘤之后影响人类健康的第三大疾病。

图 3　全球和中国糖尿病患者人数

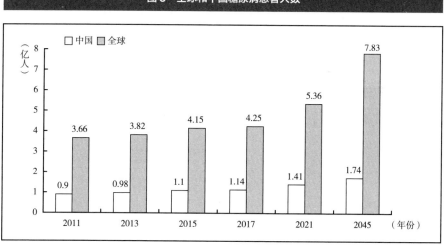

注：2045 年数据为预测数据。
资料来源：笔者根据 IDF 资料整理。

2. 患者健康意识增强，规范诊疗意愿强烈

近年来，随着我国对糖尿病的重视、居民健康意识的增强，国内糖尿病患者的治疗率在近 10 年有较为明显的提升。但由于对糖尿病严重性的认知程度不足，国内糖尿病患者控制率依然较低。在接受治疗的血糖监测的患者中，不到一半的患者能够遵照医嘱进行规范治疗，并定时监测血糖。通过对美国市场的研究发现，对于Ⅱ型糖尿病患者来讲，采用动态血糖监测系统设备加胰岛素泵的组合，会有更好的血糖控制效果。所以，患者健康意识的增强、规范诊疗意愿的强烈，将进一步驱动行业发展。

3. 政策的驱动，为行业发展提供有效支撑

2017年1月22日，国务院办公厅印发了《中国防治慢性病中长期规划（2017—2025年）》，从国家层面系统地规划了包括糖尿病在内的慢性病的防治工作。其中，强调要实施早诊早治，促进慢性病早期发现，开展个性化健康干预，强化规范诊疗，提高治疗效果，完善保障政策。国家对慢性病管理的重视以及家庭医生制的推广，可进一步促进血糖管理的教育和监测。中华医学会糖尿病学分会于2009年首次发布《中国动态血糖监测临床应用指南》。2018年，中华医学会糖尿病学分会血糖监测学组发表了《中国扫描式葡萄糖监测技术临床应用专家共识》，规范了扫描式动态血糖监测系统设备的临床使用。从防治慢性病规划到临床应用指南以及专家共识，一系列的政府行为和专业指导已呈现政策驱动的良好开端。

4. 适应证的不断拓展，将驱动行业加速成长

目前，动态血糖监测适应证主要针对Ⅰ型糖尿病和需要胰岛素强化治疗的Ⅱ型糖尿病患者。但从全球来看，未来，动态血糖监测适应证有望进一步拓展至依赖胰岛素的Ⅱ型糖尿病患者，直至扩展至所有糖尿病患者。适应证的不断拓展，将极大地提高动态血糖监测系统设备的渗透率，进而驱动行业加速成长。

5. 产品的日趋成熟，有望进一步打开市场空间

血糖仪由于直接关系到患者后续的血糖调整，因此最重要的是保证产品的准确性和稳定性。监测结果不准确或不稳定，可能会导致出现严重低血糖的重大安全事件。制约中国动态血糖监测市场发展的一个重要原因是产品本身不成熟，主要表现为部分产品性能较差、传感器寿命短、需指尖血较准、准确性不高等。今后，伴随着成熟产品的逐步推出，市场有望被迅速打开。

6. 产品经济性的不断提高，可以提高产品渗透率

传统血糖监测系统由仪器和试条构成。购买仪器之后，试条是主要的支出部分。目前，在国内销售的进口传统血糖监测试条均价是 4 元/支，国产试条的均价是 2.2 元/支。如果每天按 3 次测算，国产试条成本约为 10 元/天。使用动态血糖监测产品时，雅培瞬感的产品约为 30 元/天，德康医疗的产品约为 90 元/天。国产 CGM 产品未来如果能有一定的价格销售优势，预计可以极大地提高产品的渗透率。

四　动态血糖监测的市场竞争格局

动态血糖监测系统设备目前已经实现商业化，在以美国为首的发达市场上实现了较快的发展。行业领导者代表是德康医疗、美敦力和雅培三家公司。根据华泰证券研究，2019 年，雅培 FreeStyle Libre 的市场份额最大，约占 44.5%，预计会进一步提高；德康医疗 G5 和 G6 产品的市场份额约占 35.7%；美敦力 Guardian 的市场份额不足 20%[①]，具体的竞争格局如图 4 所示。

国内动态血糖监测系统设备市场目前还处于发展初期，产品不够成熟，患者接受度不高。但是，随着国外产品的引入，以及国内产品的不断推出和改进，整个市场未来会慢慢培育起来。进入中国市场的厂商，主要有雅培和美敦力两家公司，它们都是在 2016 年进入中国市场的。目前，雅培 FreeStyle Libre 的国内市场份额超过了 80%，美敦力 Guardian Real Time/Guardian 的销售市场集中于医院。

国产厂商还没有形成大规模销售的局面，主要国产厂商有圣美迪诺、移宇科技、凯立特（鱼跃医疗）、普林斯顿、美奇医疗、微泰医疗、硅基仿生、三诺生物、九诺医疗。各厂商产品及上市状态见表 2。目前，由于产品性能等原因，已经上市的国产产品均未大规模销售。

---

① 代雯、高鹏：《星火燎原，如日方升》，华泰证券，2021 年 6 月 20 日。

图4   全球动态血糖监测市场格局

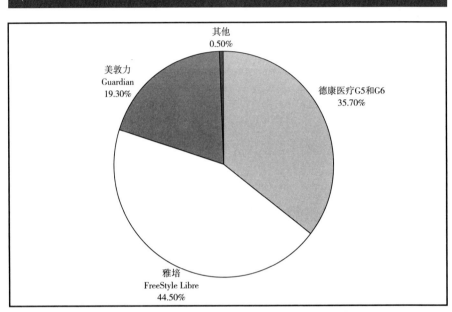

资料来源：笔者根据华泰证券资料整理。

表2   国内动态血糖监测市场已获批及在研产品

厂家	进口/国产	产品名称	上市状态	上市时间
雅培	进口	FreeStyle Libre	已上市	2016年7月
美敦力	进口	Guardian Real Time/Guardian	已上市	2016年1月/2020年8月
普林斯顿	国产	CGMS-2009	已上市	2014年11月
美奇医疗	国产	RGMS-Ⅲ型	已上市	2017年4月
圣美迪诺	国产	CGM-303	已上市	2018年9月
移宇科技	国产	MD-MY-008	已上市	2019年5月
凯立特（鱼跃医疗）	国产	CT2	已上市	2021年2月
九诺医疗	国产	GN-Ⅰ	已上市	2021年10月
微泰医疗	国产	G7、G7-A、G7-B	已上市	2021年11月
硅基仿生	国产	GS1	已上市	2021年11月
三诺生物	国产	CGM	临床试验	预计2022年下半年

资料来源：笔者根据国家药品监督管理局资料整理。

未来，随着国内厂商陆续取得产品注册许可、产品性能不断打磨、市场教育不断到位以及价格优势不断凸显，国内厂商有望实现市场突破，占据一定量的市场份额。

五　动态血糖监测企业的护城河分析

动态血糖监测企业具有较强的发展壁垒，不同的壁垒构成企业的护城河。弄清壁垒是把握动态血糖监测行业投资机会的关键。

1. 技术壁垒

动态血糖监测方面逐渐发展出了三代技术。

第一代技术是酶电极技术，产品由金属电极、内膜层（可选）、酶层、半透外膜层组成。它通过监测葡萄糖氧化酶催化下的葡萄糖氧化反应产生的电信号，来测量葡萄糖浓度。传感器工作时，组织液中溶解的氧气与葡萄糖分子透过外膜进入酶层，在葡萄糖氧化酶的催化下发生葡萄糖氧化还原反应。大部分动态血糖监测系统采用的是这一技术。它的主要缺陷是反应需要氧气参与，而组织液中溶解的氧气浓度又远低于葡萄糖含量比例。因此，氧化还原反应的速率取决于组织液中氧气的含量，而非葡萄糖的含量。另外，氧化还原反应的生成物过氧化氢，本身就具备较强的氧化性，能与组织液中的葡萄糖、尿酸等还原物反应并沉积在电极上，影响组织液的测试结果。

为解决以上问题，第二代技术发展起来。它使用非氧气的其他物质，作为氧化介质参与葡萄糖的氧化还原反应。目前，使用第二代技术的雅培公司，发明了"连线酶"以作为氧化还原的介体，促进葡萄糖发生氧化还原反应。

第三代技术，则直接绕过氧化介质，把纳米材质作为电子传递的中介，通过电子传递，让葡萄糖氧化酶辅酶在氧化态与还原态之间变化反应。第三代技术使用的纳米材质避免了氧化还原反应，但对工艺的要求也同比提高。

2. 规模化生产壁垒

动态血糖监测产品小规模临床试验阶段取得较低的 MARD 值，而成功获批上市，但这并不意味着在商业化大规模生产后，仍能保证产品的准确性、批间差及良率。规模化生产对生产工艺、质量控制、供应链管理等方面的要求非常高，存在规模化生产的壁垒。传统血糖监测龙头公司在 CGM 设备规模量产方面有明显优势。

3. 品牌和渠道壁垒

由于血糖仪的使用直接关系到使用者的生命健康，因此产品准确性和稳定性不高会导致错误的用药决定。消费者在选择产品时，对各种技术参数不太熟悉，所以主要是通过品牌进行筛选。经过多年积累起来的、拥有品牌效应的企业具有明显的市场优势。血糖监测系统设备具有大众消费品的商业属性，特别是在零售消费市场显现得尤为突出。所以，拥有完善的市场渠道和营销网络是企业的核心竞争力之一。

六 国内动态血糖监测行业投融资动态

我国动态血糖监测行业的一级市场投融资主要从 2014 年开始活跃。根据已披露的交易融资金额估算，总融资金额近 30 亿元。2014~2016 年，创业公司凯立特、移宇科技、硅基仿生、微泰医疗获得了早期融资，开始受到一级市场投资机构的关注。2019 年，九诺医疗获得早期融资。从 2020 年开始，动态血糖监测行业的市场活跃度明显上升，硅基仿生、九诺医疗均获得多轮融资。2021 年，上市公司鱼跃医疗并购了凯立特；微泰医疗在香港联交所上市；三诺生物投资了 EOFLOW，布局胰岛素泵产品线，打造闭环产品。表 3 展示了近年来国内动态血糖监测行业一级市场投融资情况。

企业名称	交易轮次	交易时间	融资/交易金额	投资方名称
圣美迪诺	A 轮	2010 年 6 月 1 日	近 1 亿元	新开发创投
凯立特	A 轮	2014 年 1 月 1 日	未披露	君联资本、凯联医疗
移宇科技	A 轮	2014 年 1 月 1 日	未披露	三江资本、张江科投
移宇科技	B 轮	2014 年 11 月 17 日	数百万元	红杉、港纬投资
硅基仿生	天使轮	2015 年 4 月 29 日	未披露	品驰医疗
硅基仿生	A 轮	2016 年 5 月 25 日	未披露	云南华信润城、中卫腾云
微泰医疗	A 轮	2016 年 9 月 26 日	3137.00 万元	LAV Evergreen(Hong Kong)、健同投资、礼颐投资管理
微泰医疗	B 轮	2017 年 2 月 14 日	24492.00 万元	QM32 Limited、Power SUM Limited、浙江海邦投资、辰德资本、九仁资本、苏州启元投资、杭州紫金港投资
凯立特	B 轮	2017 年 4 月 11 日	13000.00 万元	君联资本、元福创投、高林资本、通化东宝
硅基仿生	B 轮	2017 年 10 月 20 日	未披露	隆门资本
微泰医疗	非控制权收购	2018 年 2 月 8 日	796.80 万元	Power SUM Limited
移宇科技	C 轮	2018 年 12 月 24 日	20000.00 万元	红杉中国、中银投、诺恺投资、五源资本、张江科投、本草管理咨询
微泰医疗	C 轮	2018 年 12 月 26 日	20230.00 万元	QM32 Limited、醴泽投资、国方资本、九仁资本、福生创投上海潼方基金
九诺医疗	A 轮	2019 年 1 月 31 日	未披露	正心谷资本、景旭巍奕创投、荣安创投
九诺医疗	A+轮	2019 年 2 月 3 日	未披露	荣安创投
微泰医疗	非控制权收购	2019 年 6 月 4 日	1310.00 万元	—
微泰医疗	非控制权收购	2020 年 5 月 7 日	14113.40 万元	QM32 Limited、醴泽投资、苏州启元投资、国方资本、礼颐投资管理
美奇医疗	非控制权收购	2020 年 5 月 20 日	未披露	—
九诺医疗	B 轮	2020 年 5 月 22 日	数千万元	祥峰投资
微泰医疗	非控制权收购	2020 年 9 月 22 日	6016.50 万元	QM153 Limited、Power SUM Limited、礼颐投资管理
微泰医疗	D 轮	2020 年 11 月 23 日	51318.00 万元	泰康投资、腾讯信息、珠海屹泰管理、中金浦成等

表 3　国内动态血糖监测行业一级市场投融资情况

续表

企业名称	交易轮次	交易时间	融资/交易金额	投资方名称
硅基仿生	C轮	2021年1月4日	未披露	融汇资本、华信资本、山东高新创投、源生股权投资
硅基仿生	C+轮	2021年5月7日	数亿元	佑柏资产、达晨财智、源生股权投资
凯立特	并购投资	2021年6月3日	36594.37万元	鱼跃医疗
九诺医疗	C轮	2021年6月16日	数亿元	高瓴创投、泰福资本、生命资本、正心谷资本、聚明创投、前海母基金、惠每资本、云锋新创
微泰医疗	上市	2021年10月19日	193764.98万港元	Invesco Advisers、UBS、奥博资本、礼来亚洲基金、启峰资本等
EOFLOW	非控制权收购	2021年12月31日	5000.00万元	三诺生物
硅基仿生	C+轮	2022年1月21日	50000.00万元	国寿资本、源峰镕笙、前海母基金、深圳中电信方舟基金管理等

资料来源：笔者根据 CV Source 资料整理。

从科技创新到产品孵化，从产品成熟到商业化推进，动态血糖监测行业遵循医疗器械各领域发展的一般规律，不断发展壮大。国内动态血糖监测厂商正处于产品孵化和不断打磨成熟、慢慢进入商业化的进程中。虽然行业龙头厂商陆续拿证，但是与产品大规模、商业化操作还相去甚远。面对潜在而广阔的市场规模和国产品牌的成长空间，该领域将吸引资本的注入，一、二级投融资市场将迎来活跃的局面。

七 动态血糖监测主要企业分析

1. 雅培

雅培公司（ABT. N）成立于1888年，总部位于美国芝加哥，拥有制药、诊断、心血管业务和营养品四大业务版块，为消费者提供多种类型的营养品、药品和医疗产品。雅培糖尿病业务主要产品包括 FreeStyle Lite、FreeStyle Freedom Lite 等 BGM 系列，以及 Freestyle Libre CGM 系列。在中国销售的雅培辅理善瞬感扫描式血糖监测系统 Libre1 是扫描式的血糖监测系统，患者需要用手机或者扫描仪靠近传感器，传感器才会激活、测试并上传数据，Libre 1 可作为患者血糖自我管理系统使用 14 天。

2020 年，雅培医疗设备中的糖尿病业务实现收入 32.67 亿美元，同比增长 29.4%。其中，雅培 FreeStyle Libre 实现全球收入 26.35 亿美元，收入增速连续两年超过 40%。

2. 德康医疗

德康医疗（DXCM. O）成立于 1999 年，2005 年在美国纳斯达克上市，市值为 497 亿美元[①]，是全球连续血糖监测的龙头企业。德康医疗的 G5 是全球第一个获得美国 FDA 批准的可替代指尖血血糖仪的 CGM 系统。准确性一直是德康医疗产品的竞争优势，自 G6 起无须校准的准确性便成为其产品的一大卖点。德康医疗与 Tandem 公司合作开发的胰岛素泵，是唯一允许远程数据更新和首款无须指尖血校准的胰岛素泵，2017 年获得 FDA 批准。

德康医疗专注于动态血糖监测业务。在经历了长期亏损之后，2019 年开始盈利。2020 年，公司收入为 19.3 亿美元，净利润为 4.9 亿美元，100% 为动态血糖监测方面的收入。按照零部件拆分，传感器收入贡献最大，占比为 81%；按照区域拆分，主要收入来自美国市场，占比为 78%。

3. 微泰医疗

微泰医疗（2235. HK）成立于 2011 年，总部位于浙江杭州。目前，其涵盖的产品线包括贴敷式胰岛素泵、连续血糖监测系统、闭环人工胰腺系统和 IVD 设备等。2020 年，微泰医疗的营业收入为 7532.6 万元，公司尚未实现

---

① 德康医疗市值选取 2022 年 4 月 7 日市值。

盈利。

公司自成立以来专注于建设包括可动态监测和控制血糖水平的闭环解决方案。公司在研发了 AiDEX G7 连续血糖监测系统和 Equil 胰岛素泵的基础上，开发了应用智能算法的闭环人工胰腺 PanCare 系统，预计 2023 年下半年，其将在国内获批上市。

4. 三诺生物

三诺生物（300298.SZ）成立于 2002 年，总部位于湖南长沙，主要聚焦糖尿病及其他慢性病的监测。目前，产品已覆盖血糖、血脂、糖化血红蛋白、尿酸、尿微量白蛋白等多个领域，其是我国血糖监测行业的龙头企业。2020 年，三诺生物实现营业收入 20.15 亿元，归属于母公司股东的净利润为 1.87 亿元。

公司从 2009 年开始布局动态血糖监测技术研发，并于 2018 年获得国家重点研发计划"主动健康和老龄化科技应对"支持。目前，公司完成了动态血糖监测产品的早期研发工作，正在进行临床试验，产品有望在 2022 年底或 2023 年初在国内获批上市。三诺生物的 CGM 产品应用第三代葡萄糖传感器制备技术，在提升结果准确性的同时，降低传感器成本，无须指尖血校准，传感器寿命长（约 14 天），产品性能优。凭借在传统血糖监测产品上的龙头优势，它的 CGM 产品上市后的规模量产和商业化优势明显。

核电工业品 MRO 行业及企业案例：宏伟供应链

许彬彬

一　工业品 MRO 行业概述

1. 工业品 MRO 概述

MRO 是 Maintenance（维护）、Repair（维修）和 Operating（运营）三个英文单词首字母的缩写，工业品 MRO 泛指工业领域生产过程中不直接构成最终产品，只应用于设备维护、维修以及生产运行的工业品和物料，即非生产性工业品。由于 MRO 涉及企业生产过程中的维护、维修和运营等环节，范围较广，因此工业品 MRO 行业具有产品采购需求分散、非计划性采购比例高、产品品类和型号繁多等特征。MRO 产品涵盖机械类、电气类、工控类、工具类和劳动防护用品等数十个主要产品品类，下分上千个子品类，产品 SKU 种类达千万级别，MRO 产品品类概述见图 1。

图 1　MRO 产品品类概述

类别	定义	主要产品品类	产品示例
维护	应用于定期维护设备或设施的工具及物料	机械类 电气类 工控类 耗材	气动力传动、液压工具等电气设备，照明灯具，电线电缆等变频器，传感器，工业交换机等润滑剂，传送皮带，泵阀管件等
维修	用于维修设配或设施的工具及材料	工具类 辅助用品 仪器仪表 耗材	手动工具、动力工具、焊接工具等紧固件、密封件、工业胶带等电气检测产品，电压测量、温度检测等产品，砂纸、胶粘剂等
运营	维持企业日常工作的物资及物料	仓储物流工具 劳动防护用品 清洁办公用品 工作场所环境控制用品	搬运设备、起重设备、货架等个人安全防护用品，安全标示等文具、办公设备、清洁化学品等静电控制产品、化学品泄漏控制等产品

资料来源：建投投资/建投华文整理。

2. 中国孕育万亿元级工业品 MRO 市场

中国第二产业增加值在 2021 年达到 45.1 万亿元，产业规模领先全

球。作为世界工厂，我国工业增加值规模在 2010 年超过美国，中国成
为全球第一大工业国，工业增加值已连续 11 年稳居世界第一。我国第
二产业增加值增速在 2015～2019 年趋于平稳；2020 年受疫情影响明显
放缓；2021 年，第二产业增加值恢复较快增长（见图 2），第二产业增
加值占国内生产总值的比重维持在 40% 左右。

图 2　2015~2021 年中国第二产业增加值及增速

资料来源：建投投资/建投华文根据国家统计局资料整理。

　　基于庞大的第二产业规模，我国工业品 MRO 市场规模远大于美国和
日本等发达经济体。根据艾瑞咨询数据测算，2020 年，中国工业品 MRO
采购市场规模达到 2.1 万亿元，预计 2025 年中国工业品 MRO 市场规模达
2.6 万亿元，年均复合增速为 4.7%。[①]

　　参考美国和日本等海外成熟市场，随着我国工业逐步实现信息化和
转型进行高端制造，工业品 MRO 在行业集中度和数字化采购渗透率方
面具有一定的提升空间，2020 年，中国、美国、日本工业品 MRO 产业
对比见表 1。

---

① 《2021 年中国工业品 B2B 市场研究报告》，艾瑞网，2021 年 5 月 27 日，https：//report.
iresearch.cn/report/202105/3784.shtml。

表1 2020年中国、美国、日本工业品MRO产业对比		
	中国	美国	日本
第二产业增加值占比	34.8%	17.7%	31.2%
产业特点	门类大而全，中高端制造能力尚待提升	高端制造能力处于全球领先地位	中高端制造能力强，细分行业制造能力处于世界领先地位
产业区域分布	主要分布在环渤海地区、长三角地区和珠三角地区	集中在东北部、南部和西部	分散在太平洋沿岸工业带
企业类型	大型企业数量少，但国企、央企比例高，中小型企业分散	大型企业数量占比达8.5%，集中度较高	中小型企业数量占比达99.5%，高度分散
工业品MRO行业规模	3230亿美元	1330亿美元	635亿美元
行业集中度（CR10）	不足5%	30%以上	30%以上
数字化采购渗透率	不足5%	—	10%
领先解决方案	综合性电商平台+行业采购服务商	以大客户模式为主，提供个性化产品与解决方案，线下广泛布局，重视针对性服务	具有成熟的线上模式，品类偏标准化，提供便捷采购体验，具有履约高效等优势

资料来源：建投投资/建投华文根据 Statista、OECD Data 等资料整理。

3. 采购模式革新持续推进产业链效率提升，实现降本增效

工业品采购商业模式发展经历了多个阶段：从传统分销代理模式至互联网时代的电商平台模式，又逐步发展至现阶段的一站式采购服务商模式。中国工业品 MRO 行业采购模式发展历程和模式对比如图3所示。由于工业品 MRO 采购金额在工业品整体采购金额中的占比较小，长期以来，其缺乏模式革新的动力。随着国家整体经济增速放缓，工业企业的经营压力上升和竞争加剧，企业需要更高效和便捷的工业品 MRO 采购服务，以京东工业品为代表的电商平台和以宏伟供应链、震坤行为代表的一站式采购服务商相继出现，逐步整合和替代了传统经销商渠道。

图 3 中国工业品 MRO 行业采购模式发展历程和模式对比

	传统经销商模式（2000年之前）：解决产品采购渠道问题	电商平台模式（2000~2013年）：解决产品丰富度和信息不对称问题	一站式采购服务模式（2014年至今）：解决供应链及响应时效问题
模式	• 从上级分销商处采购工业品 MRO，服务对象多为当地终端企业和工厂 • 为品牌商和制造商提供销售渠道	• 交易环节在线化，用平台打通上下游，实现多样化工业品采购 • 提供供应链金融、营销等增值服务	• 直接由厂家或一级代理商采购，保证商品品质和获得价格优势，自建采购仓储配送系统和将区域服务作为重心 • 提升响应速度和本地服务能力
优点	• 现货库存、配送及时性高 • 能提供一定线下服务	• 产品品类丰富、采购流程标准化、价格透明化 • 轻模式，有利于快速形成规模，运营资金压力小	• 产品品类较丰富，能满足企业大部分采购需求 • 配送时效高，线下服务能力强
缺点	• 销售产品品类较单一，价格不透明，产品质量参差不齐 • 缺乏数字化能力	• 以撮合交易为主，缺乏产品品控 • 线下服务能力不足，配送时效差	• 重模式，规模扩张速度较慢 • 品类丰富度有待提升，产品线拓展的资金压力大
代表性企业	五金批发城、五金门店等	京东工业品、阿里1688	宏伟供应链、鑫方盛、震坤行

资料来源：建投投资/建投华文根据 36 氪、专家访谈资料等整理。

工业品 MRO 行业产业链上游为品牌商及制造商，中游为流通环节。在传统模式下，产业链流通环节要经过多层分销体系才能到达终端用户，痛点显著。下游是各行业终端工厂和企业，数量多且高度分散，图 4 展示了采购模式革新行业产业链。

工业品 MRO 供应商通过建立一站式服务平台及 SaaS 系统，从深入挖掘客户需求、提高供需双方匹配精准度、完善产品数据及数据标准、简化采购流程等方面优化产业链，促进企业降本增效。

4. 多因素驱动工业品 MRO 行业采购模式革新

（1）产业信息化政策支持

近年来，国家颁布一系列政策，引导国内产业朝着数字化、智能化方向发展，推动产业信息化发展，叠加国企集中采购逐步向建筑业等传统行业深化，加快数字化采购进程。工业品 MRO 采购渠道面临整合，为行业发展和转型提供契机，表 2 汇总了国家支持产业信息化的政策。

图 4   采购模式革新行业产业链

	产业链上游	**产业链中游**	**产业链下游**
传统模式痛点	品牌商/制造商 ·品牌厂商渠道地域受限，非品牌厂商渠道拓展难 ·假货问题影响厂家声誉 ·终端销售数据时效性差，对市场变化反应滞后	·全国总代理商 ＋ ·省级代理商 ＋ ·批发商 ·区域总代理商 ·市级代理商 ·经销商/"夫妻老婆"店 ·多层分销，层层加价 ·分销链条长导致产品溯源难，假货、串货问题严重 ·难以提供优质售后服务	终端工厂/企业 ·中间环节多导致价格高且不透明 ·采购渠道多，管理成本高 ·产品质量问题影响生产 ·缺乏完善的售后服务体系
新模式优势	品牌商/制造商 ·供应链渠道扁平化，降低渠道拓展难度 ·实现对客户需求的精准响应，提升生产效率	工业品采购服务商 ·打通上下游，降低价格以实现透明化 ·提升采购效率，缩短流通周期 ·根据终端客户使用情况配货，有效提升存货周转率	终端工厂/企业 ·简化采购流程，提升采购效率，降低人员和管理成本 ·提供丰富品类SKU，保证产品质量 ·享受完善、专业售后服务

资料来源：建投投资/建投华文整理。

表 2 国家支持产业信息化政策汇总			
颁布时间	**颁布部门**	**名称**	**政策内容**
2018 年 12 月 9 日	工业和信息化部	《工业互联网平台建设及推广指南》《工业互联网平台评价方法》	指南从工业互联网平台标准制定、平台培育、平台推广、平台管理，以及平台生态建设等方面提出具体指导意见 评价方法重点包括平台基础共性能力要求、特定行业平台能力要求、特定领域平台能力要求、特定区域平台能力要求、跨行业跨领域平台能力要求五个部分
2019 年 2 月 12 日	商务部等 12 个部门	《商务部等 12 部门关于推进商品交易市场发展平台经济的指导意见》	推动生产资料市场与企业开展供需对接，优化采购、生产、销售、物流等资源配置环节，培育形成一批开放、高效、绿色的供应链平台，加快技术应用和管理创新
2020 年 3 月 6 日	工业和信息化部办公厅	《工业和信息化部办公厅关于推动工业互联网加快发展的通知》	加快工业互联网试点示范推广普及、加快壮大创新发展动能、加快完善产业生态布局和加大政策支持力度等

续表

颁布时间	颁布部门	名称	政策内容
2020 年 3 月 18 日	工业和信息化部办公厅	《中小企业数字化赋能专项行动方案》	针对不同行业中小企业的需求场景，应用集中采购、线上采购与销售、线下最优库存与无人配送、智慧物流相结合的供应链体系与分销网络，提升中小企业应对突发危机能力和运营效率
2020 年 4 月 7 日	国家发改委、中央网信办	《关于推进"上云用数赋智"行动培育新经济发展实施方案》	形成产业链上下游和跨行业融合的数字化生态体系，构建多层联动的产业互联网平台，加快企业"上云用数赋智"，建立跨界融合的数字化生态等
2020 年 12 月 22 日	工业互联网专项工作组	《工业互联网创新发展行动计划(2021-2023 年)》	打造一批经济价值高、推广作用强的行业通用工业 App；面向特定领域、特定场景个性化需求，培育一批企业专用工业 App；发展工业 App 商店，促进工业 App 交易流转
2021 年 3 月 12 日	—	《中华人民共和国国民经济和社会发展第十四个五年规划和 2035 年远景目标纲要》	打造新兴产业链，推动传统产业高端化、智能化、绿色化，发展服务型制造业；加快数字化发展；发展数字经济，推进数字产业化和产业数字化，推动数字经济和实体经济深度融合

资料来源：建投投资/建投华文根据公开信息整理。

（2）互联网普及率提升

截至 2021 年 6 月底，我国网民数量达到 10.1 亿人，互联网普及率已达 71.6%[①]，与北美和欧洲等国家（普及率分别为 94% 和 89%）相比虽仍有一定的差距，但已达到全球平均水平。我国"80 后""90 后"更是在互联网时代成长起来，其对消费品的电商采购习惯已经形成。随着"80 后""90 后"在企业中逐步成为中高层管理人员，数字化采购模式在工业企业

[①] 《第48次中国互联网络发展状况统计报告》，中国互联网络信息中心网站，2021 年 9 月 15 日，http：//www.cnnic.net.cn/hlwfzyj/hlwxzbg/hlwtjbg/202109/P020210915523670981527.pdf。

的推广和普及越来越顺畅，这将进一步加速电商采购渗透率的提升。图 5 的上图展示了 2015 年至 2021 年上半年中国网民数量及普及率，下图展示了 2021 年上半年网民年龄结构。

图 5　2015 年至 2021 年上半年中国网民数量、普及率及 2021 年上半年网民年龄结构

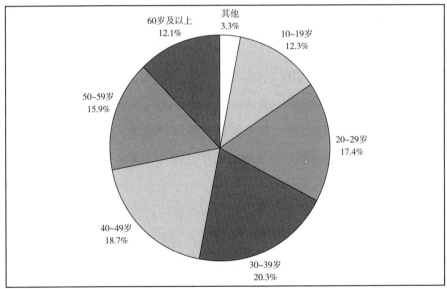

资料来源：建投投资/建投华文根据 CNNIC 资料整理。

（3）先进技术应用

随着大数据、人工智能、云计算及 5G 等先进技术逐步成熟并相继投

入商用，这些科学技术开始被具有较强数字化能力的厂家应用于电商采购中，实现工业品 MRO 采购在线化、便捷化、高效化、智能化和自动化。工业品 MRO 的 B2B 电商采购相关技术应用主要如下。

其一为大数据技术，可帮助实现产品数据、交易数据、订单数据、物流数据可视化，促进交易精准匹配，同时提升计算能力，降低供应链数据分析成本。

其二为人工智能，可应用于智能客服、AI 智能决策、数据驱动的智能核价系统、智能仓储分拣、智能前置仓等方面。

其三为云计算与物联网，可应用于在线智能仓储管理系统，通过智能硬件和传感器，实时在线、精准记录工厂对物料的使用数据，电商平台及时补货，实现 MRO 物料无人化管理。同时通过对产品运行的实时监测，提供远程维护、故障预测、性能优化等一系列服务。

5. 众多参与者形成高度分散的竞争格局

工业品 MRO 行业市场规模庞大，整合价值高，因此互联网电商巨头纷纷开始布局。以京东为例，其在 2017 年上线工业品电商业务，2020 年，京东工业品作为京东旗下独立业务完成首轮融资。腾讯于 2019 年投资震坤行，布局工业品 MRO 行业。互联网巨头和资本的涌入加速了行业整合，电商平台和工业品采购服务商等新模式开始进入快速发展阶段，进一步瓜分了原有传统经销商体系中的市场份额。

由于不同规模的企业采购需求和所需服务形式存在显著的差异，借鉴国外成熟市场的发展经验，我国万亿元级工业品 MRO 市场可容纳多层次的不同企业。未来行业可能形成"两超多强"的局面，阿里和京东利用资金、数字化能力以及在消费互联网时代的积累快速发展成规模领先的综合性工业品电商，而深耕细分行业客户的工业品采购服务商则凭借在各自行业深度理解、客户资源、供应商管理和线下服务能力等优势成为各行业的头部企业，形成不同的发展路径，其对比见表 3。

表3 工业品 MRO 行业主要厂商发展路径对比		
	综合性工业品电商	工业品采购服务商
优势领域	·电商平台轻模式，能利用网络效应快速形成规模 ·数字化能力强，业务流程标准化和信息化程度高，应用大数据、云计算及人工智能等技术 ·提供营销、金融服务以协助供应商发展	·搭建仓储物流体系和线下服务团队，能提供高时效配送和线下现场服务 ·建立与所在行业高匹配度的产品品类和SKU，具有产品和供应商管理能力 ·沉淀行业核心客户群体，客户黏性高
待补强领域	·缺失线下服务能力，依靠供应商提供配送和线下服务，需要较长时间整合	·提升数字化能力，提供多元化数据对接方式，提高大数据等先进技术应用水平以提升经营效率
发展路径	·为供应商提供销售渠道，吸引其加入平台，快速扩充产品品类和SKU ·通过赋能和整合线下经销商，构建线下服务网络	·扩展业务区域范围，建立全国范围的仓储物流网络和线下服务体系 ·实现数字化经营，打造智能化业务流程 ·提升供应链能力和打造自有品牌
核心客户群体	·国企、央企：对接一般性和通用性日常集采需求 ·小型企业：采购需求简单，无现场服务需求	·大型企业：采购需求复杂，存在供应商整合需求，需要提供专业采购和线下服务，对物流时效要求高 ·中型企业：采购需求复杂程度一般，需要提供采购解决方案以提升经营效率

资料来源：建投投资/建投华文根据专家访谈资料整理。

我国工业品 MRO 行业市场高度分散，以京东工业品为代表的综合性工业品电商和以宏伟供应链、震坤行为代表的工业品采购服务商龙头，分别基于各自优势资源和能力，占领了我国工业品 MRO 市场的第一梯队，构成了当前行业发展的主流模式。垂直行业工业品供应商和垂直电商平台构成市场第二梯队，它们基于在特定行业的资源和积累，向下游客户提供有限的工业品采购服务。传统经销商和"夫妻老婆店"作为目前主要的采购渠道，占据市场剩余的大部分份额，其竞争格局如图6所示。

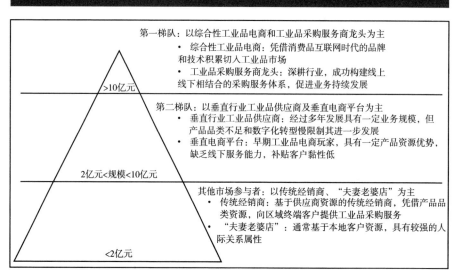

图6 工业品MRO行业竞争格局

第一梯队：以综合性工业品电商和工业品采购服务商龙头为主
- 综合性工业品电商：凭借消费品互联网时代的品牌和技术积累切入工业品市场
- 工业品采购服务商龙头：深耕行业，成功构建线上线下相结合的采购服务体系，促进业务持续发展

>10亿元

第二梯队：以垂直行业工业品供应商及垂直电商平台为主
- 垂直行业工业品供应商：经过多年发展具有一定业务规模，但产品品类不足和数字化转型慢限制其进一步发展
- 垂直电商平台：早期工业品电商玩家，具有一定产品资源优势，缺乏线下服务能力，补贴客户黏性低

2亿元<规模<10亿元

其他市场参与者：以传统经销商、"夫妻老婆店"为主
- 传统经销商：基于供应商资源的传统经销商，凭借产品品类资源，向区域终端客户提供工业品采购服务
- "夫妻老婆店"：通常基于本地客户资源，具有较强的人际关系属性

<2亿元

资料来源：建投投资/建投华文根据专家访谈资料整理。

随着市场竞争的进一步加快，提升工业品MRO采购平台核心竞争力变得越来越重要。当前，工业品MRO行业公司建立核心竞争力主要源于以下四个方面。

其一为资金能力。工业品MRO行业资金周转天数一般为60～90天，采购服务商需要向下游客户提供垫支，特别是面对大型国企集采，能提供长账期是主要竞争力之一，因此其需要有较强的资金能力支持。雄厚的资金实力对企业业务扩张起到推动作用，为业务快速形成规模优势提供保障。

其二为产品及供应商管理能力。一方面，工业品MRO行业需要企业有专业的选品和品控能力，通过构建与下游客户高匹配度的产品品类矩阵，高效满足特定企业用户对MRO产品品类的采购需求，形成一站式采购服务能力，并对选品执行严格的质检标准，为产品质量背书；另一方面，要求企业有稳定的产品渠道管理能力，筛选有能力的厂商直接合作，从源头确保正品和供货稳定。

其三为数字化能力。企业通过在内部搭建高效的业务系统，应用大数据、AI等技术提升在产品选采、仓储管理、销售以及物流配送等关键环节的自动化程度，以实现经营效率的提升。在外部，企业需要建立多元的数字化采购渠道，为不同业务规模、数字化程度和采购需求的终端企业提供线上采购服务。

其四为线下增值服务能力。工业品 MRO 行业可以提供的线下增值服务是多方面的，比如扩展仓储物流网络，解决"最后一公里"配送问题，为终端客户提供及时的安装、指导、维修、保养等服务。

6. 部分细分行业领先者涌现

在工业品 MRO 行业的个别细分领域已经出现了处于领先位置的企业，这些龙头企业凭借在核心行业的深耕和积累，形成了业务规模、品牌资源和供应链等多个方面的优势，并逐步探索复制优势能力，开始进行跨区域和跨行业业务的延伸。

现阶段，龙头企业主要出现在电力、建筑和化工等工业细分行业，且由于我国工业区域性发展特征，尚未形成基于业务区域和行业层面的激烈竞争，工业品 MRO 细分行业龙头企业见图7。

图7 工业品 MRO 细分行业龙头企业

	宏伟供应链	震坤行	咸亨国际	鑫方盛
业务规模及盈利情况	2020年销售额为10亿元（盈利）	2019年销售额为34亿元（亏损）	2020年销售额为19.9亿元（盈利）	2019年销售额为90亿元（盈利）
核心客户行业	核电行业	化工行业	电力行业、铁路行业	建筑工程行业
主要客户类型	国企、央企	国企、央企	国企、央企	民营企业
主要业务区域	沿海地区	长三角地区	全国范围	京津冀地区
主要产品品类	金属材料、仪器仪表	油品、化学品	工业器具、仪器仪表	建筑辅料、劳保用品
仓储物流	·19万平方米自营仓 ·以第三方物流为主	·10万平方米自营仓 ·70公里自营配送，第三方物流	·以第三方物流为主	·27万平方米自营仓 ·200公里自营配送，第三方物流
线上化程度	·2018年推出线上平台 ·线上交易规模达18%	·线上交易规模达60%（含代客下单）		·2018年推出线上平台 ·线上交易规模不足1%

资料来源：建投投资/建投华文根据公司官网、专家访谈资料等整理。

咸亨国际于 2021 年在 A 股上市，其主要业务是为电力行业提供工业器具、仪器仪表等产品的 MRO 集约化供应服务，主要在电力输送、配电等环节应用。咸亨国际的核心客户为国家电网、南方电网及下属企业等电力行业客户。2017~2020 年，其对国家电网及南方电网的合计销售额在其收入中的占比超过 50%，是电力行业细分领域的龙头。2020 年第一季度，咸亨国际受疫情影响较大，营收严重下滑，但在下半年，其对中标项目抓紧履行以及 2020 年防疫物资的快速增长使其当年收入较上一年同期有所增长，实现营收 19.9 亿元，2021 年第一季度，营收增速更是达 151.1%。

咸亨国际通过深耕电力行业，深度服务并了解客户需求，成功从经销商向具有产品研发、生产、销售及相关技术服务能力的生产服务商转型。2020 年，咸亨国际自有品牌产品收入占比达 19.1%，自有品牌毛利率超 50%。

二 核电行业

1. 核电行业发展历程

二战结束以后，美国在发展核武器的同时，开始了核能利用的军转民工作，核电站的建设处于探索试验阶段。

20 世纪 60 年代，西方国家进入经济快速增长阶段，对能源和电力供应的需求急剧上升，石油危机造成石油价格大幅上涨，核能作为一种经济、安全的清洁能源受到许多国家的大力追捧。由于 1979 年的美国三里岛核电站事故以及 1986 年的苏联切尔诺贝利核泄漏事故，全球核电发展迅速降温，世界各国加强了安全设施的建设，制定了更严格的审批制度。

21 世纪，人们对温室气体排放等环境问题越来越关注，核能作为清洁能源的优势重新凸显，2011 年福岛核事故减缓全球核电发展进程，但核电发展趋势仍然不变，包括日本在内的大多数国家依然将核能视为能源结构的重要组成部分。

我国的核电行业起步时间较晚，1974 年才开启核电站的探索，1993 年首座商业核电站大亚湾核电站并网发电，此后核电进入适度发展阶段。2016~2018 年，我国的核电项目零审批，行业发展一度陷入停滞期。2019 年，核电审批重启，获得官方确认，2021 年的《政府工作报告》中首次使用"积极"来对核电进行政策表述，在"碳中和"的大背景下，核电有望迎来新一轮发展的政策机遇期。图 8 展示了中国核电行业发展历程。

图 8　中国核电行业发展历程

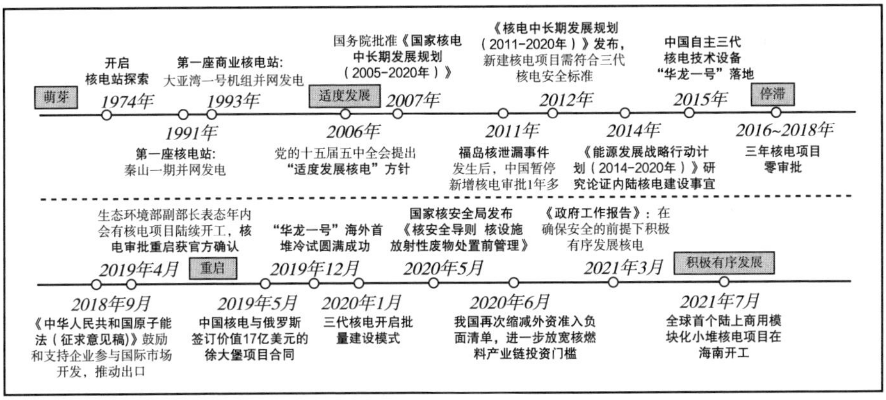

资料来源：建投投资/建投华文根据《2021 年核电行业发展研究报告》整理。

在各类发电技术中，核电技术最为复杂，核电行业由于涉及能源和国防安全的特殊性使其在行政准入、人才技术和投资等方面构建了极高的进入壁垒。在高行业壁垒下，当前，国内共有 4 家核电站投资主体，分别是中国核工业集团（中核）、中国广核集团（中广核）、国家电力投资集团（国电投）和中国华能集团。2020 年，中国华能集团首个控股核电站通过核准，获得了国内第四张核电"牌照"，行业格局相对稳固。

中国核能行业协会公布的数据显示，截至 2021 年 6 月底，我国核电装机容量达到 5214.5 万千瓦。其中，中广核控股核电机组装机容量为 2266.4 万千瓦，占比达 43.5%；中核控股核电机组装机容量为 2250 万千瓦，占比达43.1%；国电投控股核电机组装机容量为250.6万千瓦，占比达4.8%；此外，中广核与国电投各自持有红沿河核电45%股权，装机容量为447.5万千瓦，占比达8.6%。① 中广核和中核是现阶段我国核电运营市场的两大巨头，合计运营我国85%以上的核电站。

2. 核能发电效率和核电上网成本优于其他清洁能源

中国核能行业协会公布的数据显示，截至2021年12月底，我国在运核电机组达到53台，总装机容量为5464.7万千瓦。2021年，我国核电机组发电量达4071.4亿千瓦时，发电量在2015~2021年的年均复合增速达15.8%，核电机组发电量占国内总发电量比例为5.0%，较2015年的3.0%有显著提升（见图9）。②

我国核能发电量占比与法国、美国等发达国家差距较大，也远低于世界平均水平10%（见图10）。根据中国核能行业协会预测，到2025年，我国核电在运在建装机容量将达到1亿千瓦，核电机组发电量可以达到全国发电量的6%。③ 从国家能源安全和能源结构优化的角度来看，核电具有重要的战略意义，未来发展空间广阔。

2020年9月，习近平主席在第七十五届联合国大会的讲话中提出中国将力争在2030年前实现"碳达峰"，2060年前实现"碳中和"。国家发改委在2021年1月明确提出了六大路径以实现"碳达峰""碳中和"，其中包括大力调整能源结构，推进能源体系清洁低碳发展，稳步推进水电发展，安全发展核电，加快光伏发电和风电发展，推动低碳能源替代高碳能源、可再生能源替代化石能源。可以看出，核能等清洁能源将迎来高速发展周期。

---

① 核电评估部：《全国核电运行情况（2021年1-6月）》，中国核能行业协会网站，2021年7月28日，http://www.china-nea.cn/site/content/39489.html。

② 核电评估部：《全国核电运行情况（2021年1-12月）》，中国核能行业协会网站，2022年1月27日，http://www.china-nea.cn/site/content/39991.html。

③ 张廷克、李闽榕、潘启龙主编《中国核能发展报告（2020）》，社会科学文献出版社，2021，第10页。

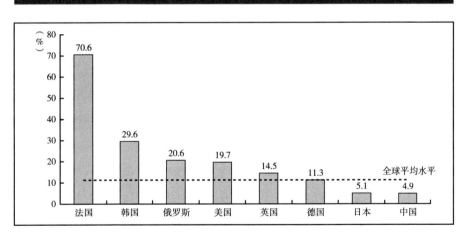

图 9　2015~2021 年中国核电机组发电量及占比

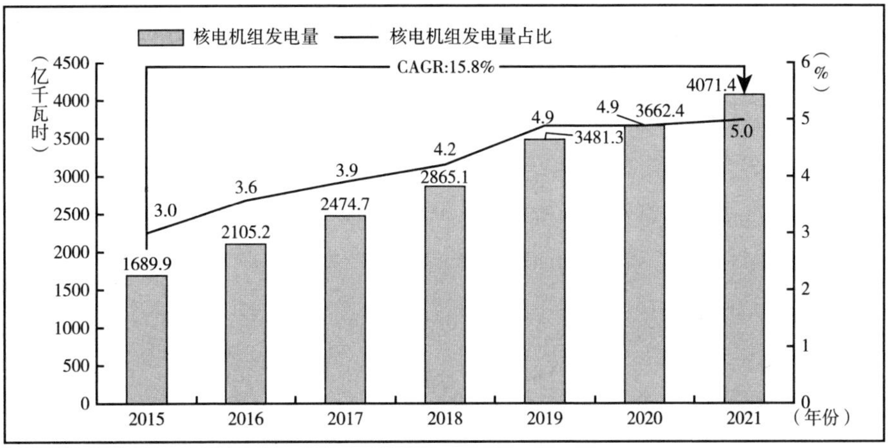

资料来源：建投投资/建投华文根据中国核能行业协会、世界核协会等资料整理。

图 10　2020 年部分国家核能发电量占比

资料来源：建投投资/建投华文根据中国核能行业协会、世界核协会等资料整理。

核能是所有清洁能源中运营最高效、最稳定的电力来源。我国核电在国内电力市场的占比较低，但对比核能与水力、风力和太阳能等清洁能源的装机容量比例，核能的发电效率要远高于其他清洁能源。在设备利用效率方面，2021 年，我国核电机组平均利用时间高达 7778 小时，发电效率位列所有电力来源之首（见图 11）。

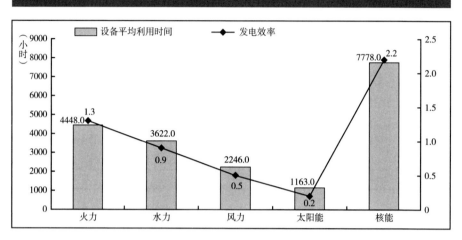

图 11　2021 年我国各能源发电效率及设备平均利用时间

注：发电效率＝发电量占比/总装机量占比。
资料来源：建投投资/建投华文根据国家能源局资料整理。

　　除了发电效率高于其他能源外，核电的上网成本较低。核电目前的上网成本约为 0.4 元/千瓦时，上网电价仅次于水电，和火电基本持平。而风电和太阳能的上网电价均高于核电。此外，随着我国核电技术的发展、主要核电设备国产化率的提升，国产研发替代将有利于降低核电设备建造成本，有利于进一步降低核电的上网成本。

　　我国大亚湾核电站的设备几乎均从国外引进，国产化程度较低。近 20 年来，随着我国核电技术的快速提升，中国核电机组的国产化程度呈倍速增长。以核电阀门研发为例，核电阀门作为机组建设中使用数量较多的介质输送控制设备，目前已具备近 80％的国产化能力，而且国产核电阀门价格仅为进口阀门的 11.5％。[1] 未来我国核电设备的国

---

　　① 头豹研究院：《2021 年核电运营行业概览：碳中和下的核电复苏，中广核 vs 中核集团 vs 国家电投》，头豹科技创新网，2021 年 6 月 28 日，https://www.leadleo.com/report/details？id＝60d75593b5090b1ed0dad8c1。

产化率有望在 90% 左右，这有利于降低核电设备的采购成本从而降低核电的运营和检修成本。图 12 展示了我国核电设备国产化率情况。

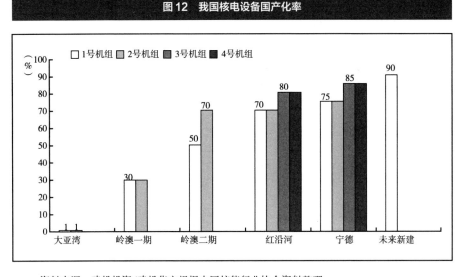

图 12　我国核电设备国产化率

资料来源：建投投资/建投华文根据中国核能行业协会资料整理。

3. 规范性和支持性政策文件密集出台

核能是我国能源供应体系的重要分支，也是新能源的重要组成部分。从"八五"计划至"十四五"规划，国家对核电行业的支持政策经历了从"适当发展"到"积极推进发展"再到"安全稳妥发展"的变化。在"八五"计划至"十五"计划期间，国家层面提倡适当、适度发展核电。从"十一五"规划开始，国家明确提出将积极推进核电建设，且重点建设百万千瓦级核电站。国家在"十二五"至"十三五"期间，明确了要安全、高效发展核电，并突出沿海核电建设这一重点。到"十四五"时期，安全、稳妥推动沿海核电建设成为重要任务。

在《中华人民共和国国民经济和社会发展第十四个五年规划和 2035 年远景目标纲要》中，国家明确提到要安全稳妥推动沿海核电建设，至 2025 年，我国核电运行装机容量将达到 7000 万千瓦。此外，中国核能行业协会发布的《中国核能年度发展与展望（2020）》中的数据显示，到

2025 年，预计我国在运核电装机容量将达到 7000 万千瓦，在建核电装机容量达到 3000 万千瓦；到 2035 年，在运和在建核电装机容量合计将达到 2 亿千瓦，我国有望按照每年建设 6~8 台核电机组稳步推进。

表 4 展示了国家支持核电发展的主要政策。

表 4 国家支持核电发展主要政策汇总			
时间	发布部门	名称	相关内容
2018 年 2 月 26 日	国家能源局	《2018 年能源工作指导意见》	稳妥推进核电发展；深入推进高温气冷堆和模块化小型堆等安全先进核电等技术的试验示范工程建设等
2018 年 5 月 22 日	国家发展改革委、国家能源局、生态环境部、国防科工局	《关于进一步加强核电运行安全管理的指导意见》	完善核安全文化体系，深入推进核安全文化建设，不断提高全员核安全文化水平；充分汲取运行事件经验反馈和国内外同行经验教训，扎实有效开展常态化、机制化的评估、检查和改进行动；严格执行核电厂运行报告制度，建立开放共享的经验反馈体系，在行业内共享良好实践和经验教训，促进全行业安全管理水平共同提升
2018 年 7 月 23 日	国务院办公厅	《国务院办公厅关于加强核电标准化工作的指导意见》	加强自主创新，优化完善核电标准体系；提升标准自主化水平；以核岛机械设备领域为切入点，重点开展标准技术路线统一专题研究，统筹考虑核安全性、经济性及工业基础和监管体系，加强试验验证，制定自主统一的核岛机械设备标准；加强政策引导，推动核电标准广泛应用；深化国际合作，扩大核电标准国际影响；强化能力建设，支撑核电标准长远发展
2019 年 6 月 22 日	国家发改委	《国家发展改革委关于全面放开经营性电力用户发用电计划的通知》	强调研究推进保障优先发电政策执行，重点考虑核能、水力、风力、太阳能等清洁能源的保障性收购，其中核电机组发电量纳入优先发电计划，按照优先发电优先购电计划管理有关工作要求做好保障消纳工作

续表

时间	发布部门	名称	相关内容
2021 年 3 月	—	《中华人民共和国国民经济和社会发展第十四个五年规划和 2035 年远景目标纲要》	加快发展非化石能源，坚持集中式和分布式并举，大力提升风电、光伏发电规模，加快发展东中部分布式能源，有序发展海上风电，加快西南水电基地建设，安全稳妥推动沿海核电建设，建设一批多能互补的清洁能源基地，非化石能源消费量占能源消费总量比重提高到 20% 左右
2021 年 3 月 5 日	—	《政府工作报告》	制定 2030 年前碳达峰行动方案，扎实做好碳达峰、碳中和各项工作，优化产业结构和能源结构，推动煤炭清洁高效利用，大力发展新能源，在确保安全的前提下积极有序发展核电

资料来源：建投投资/建投华文根据公开信息整理。

4. 我国核电机组进入新一轮建设周期

自 2011 年日本福岛发生核事故后，全球普遍暂停或放缓了核电机组的审批。我国在 2012 年核准了 3 台机组后，也暂缓了核电机组审核。至 2015 年，国家集中审批了 8 台机组，2016～2018 年继续维持零核准，主要是因为新核准的机组需采用安全性较二代机组高的三代技术，三代机组投运均较原定计划推迟，未得到充分的商用验证。

2018 年，国家能源局发布《2018 年能源工作指导意见》，首次对于年内开建一批沿海三代核电机组给出了明确表述。同年，中国核能行业协会专家委员会认为中国三代核电技术已具备批量建设条件。2019 年初，我国核电项目审核重启，说明我国以"华龙一号"为代表的三代核电机组的技术日趋成熟，核电行业回暖。2019 年、2020 年和 2021 年国务院分别核准了 6 台、4 台和 5 台核电机组（见图 3），核电行业迎接新一轮发展周期，带动相关产业收益增加。

从中国核能行业协会公布的资料可以看出，截至 2021 年 12 月底，我国在运核电机组共 53 台，在建 16 台，已核准未开工 5 台。[①] 核电站的设计工期通常为 5 年，而实际建设周期为 5~10 年。

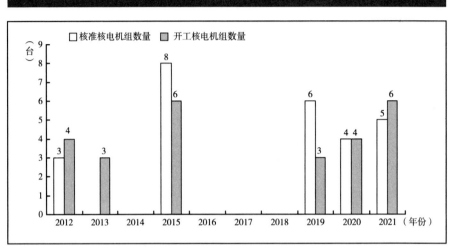

图 13　2012~2021 年核准、开工核电机组数量

资料来源：建投投资/建投华文根据中国核能行业协会资料整理。

由于缺乏施工经验、设计变更、耗时检测等原因，中国核电机组普遍存在首堆拖期问题，在实现批量化建设之后，建设周期可稳定在 5 年左右，运营周期稳定在 40~60 年，不同类型核电机组具体的建设周期如图 14 所示。

5. 核电行业工业品 MRO 市场提升空间大

随着核电机组建设审核重启，核电行业进入新的建设周期，带动我国核电投资金额止跌回升。2021 年，核电行业投资金额为 538 亿元，同比增速达 41.8%。[②] 中国核能行业协会预计未来每年将有 6~8 台机组

---

① 《2021 年核电行业述评及 2022 年展望》，中国核能行业协会网站，2022 年 2 月 16 日，http：//www.china-nea.cn/site/content/40013.html。

② 中商产业研究院：《2021 年中国核能发电产业链上中下游市场分析》，中商情报网，2021 年 8 月 19 日，https：//www.askci.com/news/chanye/20210819/1736191559303_2.shtml。

获得核准。① 以单个机组 150 亿元的造价，并保守估计每年有 6 台机组获批，可预测出每年将有近千亿元的核电投资订单，这将有助于扩大核电行业工业品 MRO 的市场规模。

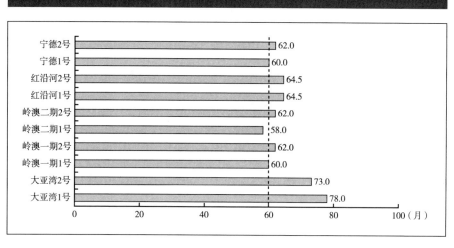

图14　M310/CPR 系列建设周期

资料来源：建投投资/建投华文根据中国核能行业协会资料整理。

根据头豹研究院测算，2020 年，我国核电运营行业的市场规模为 1523.6 亿元，在"碳中和"目标和核电审核重启的刺激下，这有望带动核电运营行业市场规模持续增长，预计在 2025 年达到 2419.3 亿元，2020~2025 年年化增速可达 9.7%。②

根据核电运营行业平均 42% 的毛利率推算，行业的营运成本规模达 883.7 亿元。由 2019 年核电机组发电成本结构可以看出，在运营周期中有 13.4% 的营运成本用于运行与维护（见图 15）。

随着核电行业进入新一轮建设周期，核电行业工业品 MRO 市场具有

---

① 张廷克、李闽榕、潘启龙主编《中国核能发展报告（2020）》，社会科学文献出版社，2021，第 11 页。
② 头豹研究院：《2021 年核电运营行业概览：碳中和下的核电复苏，中广核 vs 中核集团 vs 国家电投》，头豹科技创新网，2021 年 6 月 28 日，https：//www.leadleo.com/report/details？id=60d75593b5090b1ed0dad8c1。

较大的增长潜力。在建和在运核电机组数量的稳步增长，加之采购模式逐步转向电商化采购，将驱动核电行业工业品 MRO 市场高速成长。

图15　2019年核电机组发电成本及建设成本结构

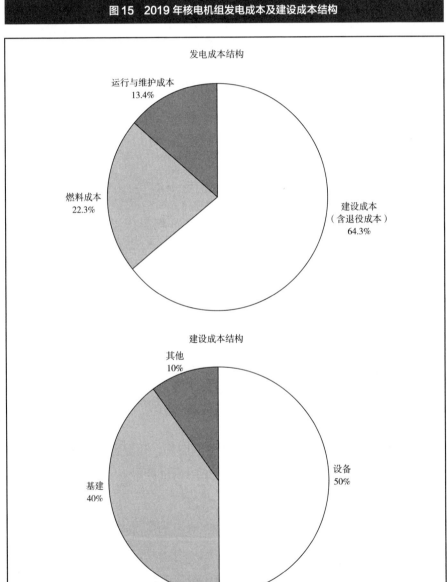

资料来源：建投投资/建投华文根据头豹研究院、专家访谈资料等整理。

6. 核电行业乏燃料后处理市场发展空间广阔

乏燃料是指在核反应堆内燃烧过的核燃料。国际上对于乏燃料的处理方式基本可分为两种；一种直接将乏燃料冷却、包装后作为废物送入深地质层处置或长期储存；另一种经闭式核燃料循环后处理，即将乏燃料送入后处理厂，将所含的 95% 左右的有用物质进行分离、回收再利用，之后将废物固化后进行深地质层处置。我国采用的处理方式是闭式核燃料循环后处理，流程见图 16。

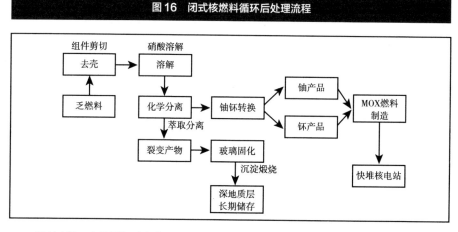

图16 闭式核燃料循环后处理流程

资料来源：建投投资/建投华文根据头豹研究院、中国核能行业协会资料等整理。

我国乏燃料后处理技术与核技术发展进度不匹配，主要原因是前期核军工所产生的乏燃料数量比较少，乏燃料后处理能力不足以引起核能企业的重视。在我国加速核电站建设导致乏燃料规模激增后，国内核电行业企业才开始对乏燃料处理技术进行研究。总体而言，乏燃料处理行业成熟度较低。随着国内环保监管政策的趋严，加之公众因国际核安全事件对核废料处理关注度的提升，乏燃料循环成为中国核电企业亟待解决的问题。目前，中国核电厂每年产生的乏燃料超过 1000 吨，积累的乏燃料超过 8000 吨，而我国乏燃料年处理能力仅为 50 吨，其具有广阔的发展空间。

三　核电工业品MRO行业典型企业分析
　　——宏伟供应链

1. 公司概况

浙江宏伟供应链集团股份有限公司（以下简称"宏伟供应链"或"公司"）成立于2001年，是一家专注于清洁能源的一站式工业供应链服务提供商，为客户提供供应链管理咨询解决方案、物资集成供应、现代物流与仓储配送和信息技术增值服务。公司以向核电领域客户提供供应链服务为基础，逐步拓展至太阳能发电、风电、水电等清洁能源行业，并将业务扩展至大型高端装备制造业、军工、航天等领域。公司先后获得国家服务型制造示范平台、浙江省服务业重点企业、浙江省级重点工业互联网平台企业、金华市人民政府质量奖等荣誉。2021年，宏伟供应链被商务部等八部委评为"全国供应链创新与应用示范企业"。

宏伟供应链目前已拥有数家分（子）公司、51个服务网点（全国）及近600人的专业团队，服务核电行业超过20年，已实现核电覆盖率100%，合作伙伴超过两万家。重要客户包括中核集团、中广核集团、国家电力投资集团、三峡集团、上海电气、中国兵器工业集团、中国航天科技集团、中国铝业集团、中国建筑集团、中能建集团、国家电网等。

2. 公司发展历程

在国家供给侧结构性改革、阳光化采购及企业内部持续进行"降本增效"的背景下，为顺应行业发展，公司打造以清洁能源领域为核心的工业品供应链生态圈，通过对外投资设立子公司的方式，实现全产业链上下游关键优势资源协同发展。为实现业务运营大数据化、服务智能化，公司历经一年筹备，于2019年5月上线发布天马工业互联网平台（简称"天马平台"），构建供应链上下游基于供需关系的协同场景。2019年11月，公

司中标中核集团电子商城 MRO 工业品电商引入项目，其通过对接央企和重点地方国企电商平台，成功引入优质供应商入驻，公司主要发展历程如图 17 所示。

图 17　宏伟供应链主要发展历程

2001年	·宏伟供应链成立，与秦山核电、江苏田湾核电等核电客户建立合作关系
2010年	·浙江和能现代物流有限公司（简称"和能现代"）成立，提供仓储总体规划设计及智慧仓配管理、落地和咨询服务 ·宏伟国际有限公司（简称"宏伟国际"）成立，负责积极拓展海外业务
2015年	·浙江跨境港科技有限公司（简称"跨境港科技"）成立，依托宁波舟山港，服务永康及周边地区企业，推进国际物流总包、无车承运、无船承运等运营模式发展，降低企业通关物流综合成本，为公司国际化发展奠定基础 ·浙江共赢链集采平台有限公司（简称"共赢链集采"）成立，专注于为行业客户提供柔性敏捷供应链解决方案 ·浙江宏伟数据科技有限公司（简称"宏伟数科"）成立，助力企业供应链数字化升级
2016年	·浙江宏伟新能源发展有限公司（简称"宏伟新能源"）成立，以光伏、风电、储能行业为重点，提供集项目投资、项目开发、资源整合、融资交易和供应链服务于一体的新能源综合服务
2017年	·浙江中核工程设计有限公司（简称"浙江中核"）成立，主要进行光伏、风力、生物质、可再生能源等新能源领域的技术咨询、业务开发、项目设计建设及运维管理
2019年	·天马平台正式上线运营 ·航天动力、上海电气等企业级用户上线运营；与中国通号集团、中核集团电商平台正式对接合作；与中国能建、中国建筑系统接通，实现线下业务转线上
2020年	·发展实现线上线下相结合的新模式——工业品超市

资料来源：建投投资/建投华文整理。

3. 公司商业模式

宏伟供应链的商业模式主要是提供线上线下结合的一站式工业品供应链服务。一方面，宏伟供应链通过向供应商直接采购或联合研发相关的工业品，实现产品质量把控和价格透明化；另一方面，线下工业品超市和线上天马平台的渠道全覆盖，有助于宏伟供应链对接不同类型客户的多样化采购渠道和需求，并通过第三方配送和自有配送团队为客户提供直达现场的高时效配送服务，其商业模式如图 18 所示。

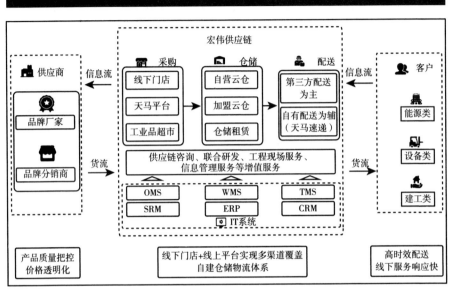

图18 宏伟供应链商业模式

资料来源：建投投资/建投华文整理。

4. 公司业务介绍

（1）一站式工业品集成供应

在工业品采购和集成供应方面，宏伟供应链形成了化工系统、焊割系统、电气系统、工业安全品、泵阀管件等16大产品品类，超过170万个SKU的产品体系（见图19），年处理订单量约为1.1万单，年出货总量超过2.1万项次，累计成交客户数突破1793家，能够满足不同工业客户的一站式物资采购需求。

产品方面，2020年，宏伟供应链前五大类产品分别为核级特材、个人防护、电气系统、仪器仪表、小五金，合计占比达75%，其中核级特材占比为40%，较2018年的23.2%大幅提升，主要是由于新建核电机组在建设之初对核级金属材料需求较大。在供应商方面，受到核级特种金属材料和疫情下个人防护需求水平的提升，前十大供应商占比上升至36.5%。

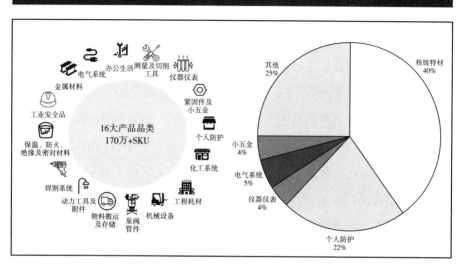

图 19　宏伟供应链 16 大产品品类及 2020 年主要产品收入占比

资料来源：建投投资/建投华文整理。

经过 20 年的发展和深耕，宏伟供应链对核电行业实现了全产业链和全生命周期的覆盖，其中核电产业链实现从核电设计、核电工程、建筑安装、核电装备制造供应、核电运营和核电检修后处理的全流程覆盖。宏伟供应链根据核电全生命周期中的不同需求，提供框架采购、多项目采购、分类分包、零库存管理、仓储外包管理等服务模式，形成核电全生命周期业务覆盖，其全生命周期的供应链解决方案如图 20 所示。

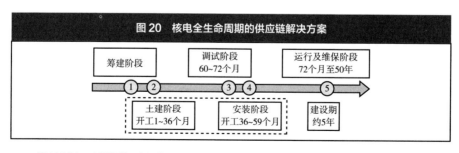

图 20　核电全生命周期的供应链解决方案

资料来源：建投投资/建投华文整理。

公司目前拥有全国 51 个服务网点并覆盖国内全部核电站项目，2020
年核电行业的采购收入达 4.93 亿元，占工业品集采供应业务收入的比例
达 66%。

公司借助自身在核电行业客户建立的影响力和具有竞争力的产品与服
务体系，逐步纵向拓展至行业上游大型高端装备制造业，横向拓展至风
电、水电和光伏发电等清洁能源行业，以及军工、航天等制造领域。

2020 年，受全球新冠肺炎疫情影响，部分供应商个人防护用品需求大
增，这部分业务收入带动公司非核电行业业务收入占比大幅提升。2021 年
上半年，非核电行业业务占比提升，主要是因为能源方面的建工电商以及
新市场开发客户三峡集团的业务增长。图 21 展示了宏伟供应链主要拓展行
业、领域及核心客户。

图 21　宏伟供应链主要拓展行业、领域及核心客户

资料来源：建投投资/建投华文整理。

（2）仓储物流业务

宏伟供应链从为核电行业提供仓储物流业务的外包服务起步，发展至
今已形成包含自营云仓、加盟云仓、仓储租赁三种服务模式的仓储运营
业务。

自营云仓是指公司接受签约用户委托，为客户运抵云仓的货物提供入
仓存储、清点包装及出库操作及物流服务。加盟云仓主要是指京东、菜鸟
等云仓运营企业入驻仓储中心，公司为其提供仓储租赁并提供仓内管理及

收发服务。在仓储租赁模式下，公司以现有空余仓储面积对外出租，为客户提供仓储租赁服务。

中央仓储物流中心共包含 3 个集中仓库及 1 个智能分拣中心，依托浙江永康区位优势，能够实现国内极速发货、平台一键代发、本地闪电式配送，目前已吸引顺丰、京东等物流公司入驻，通过集聚效应显著提高物品收发效率。

（3）一站式平台架设，打造数字驱动"敏捷"链

公司建立了天马平台，重点面向核电、新能源、航天、军工、先进装备制造等领域，提供产品集中采购、智能物流仓储、设备数字化管理等综合服务。天马平台先后与中核集团、航天科技、中广核、国电投、中国兵器、中国能建、中国建筑、中国交建、上海电气和中铝集团等数十家央企、国企签订战略协议和进行系统接口开发对接，平台交易规模呈明显增长趋势。

天马平台的合作品牌超 12000 个，在线物资包括大宗材料和 MRO 工业品，涵盖 16 大品类、3377 项三级分类、百万级 SKU 产品。在此基础上，天马平台坚持"离客户再近点"的服务理念，核电现场均设立服务团队和配送中心并与服务网点实时联动，客户下单 30 分钟内响应，24 小时内实现产品配送，全程提供调试讲解、技术培训等一站式服务。天马平台为采购商与供应商提供了供需业务协同服务，使供应商管理、合同签署、合同履约、结算对账等业务的效率显著提升，并引入了物流等增值服务以创造更多的价值。

经过两年多的快速发展，2021 年上半年，天马平台的电商收入占比已达 18.4%。

图 22 展示了天马平台的发展历程。

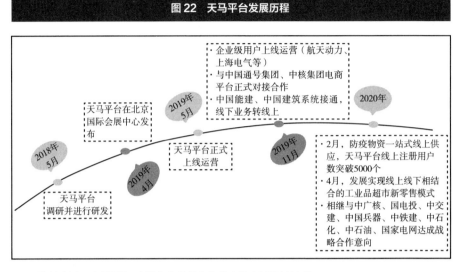

资料来源：建投投资/建投华文根据宏伟供应链官网资料整理。

5. 公司核心竞争力

宏伟供应链是工业品 MRO 行业的细分行业龙头，具备优质的一站式工业品供应链服务能力，其核心竞争力主要源自优质的产品资源及严格的质量安全控制体系、丰富的核电行业客户资源及服务经验、完善的渠道及属地服务能力。

首先是产品资源及专业服务。公司覆盖了核电行业全方位、专业、安全的物资集成供应商，拥有 16 类世界级产品系列、10 余万种产品，为核电行业客户提供全生命周期的服务。

其次是核电行业客户资源及专业化能力。公司多年来进行以核电行业为主的能源行业供应链管理，涵盖核电行业全生命周期的绝大部分客户。公司长期致力于提供核电行业供应链全流程服务，拥有 19 年的核电行业经验，具有丰富、先进的服务经验，是目前国内唯一一家服务范围覆盖三大运营商体系（中核、中广核、国电投）、服务堆型覆盖国内所有现有及在建堆型（CP 系列、AES-91、M310、CPR1000、AP1000、EPR）的供应链服务商，具备了大规模的仓储管理实力和现代化信息数据管理经验以及数据分析优势。

最后是渠道及属地服务能力。公司已在全国范围内设立了 51 个业务网点，零距离服务核电行业客户，构建了完善的销售及信息渠道。公司拥有专业的销售和技术服务团队，并将其派驻至项目现场零距离服务客户，提供全天候、快速响应的跟踪服务。

6. 公司发展规划

宏伟供应链致力于在工业客户中提升供应链服务的创新价值和能力，打造全球领先的工业互联网生态平台，未来将从以下三个方面继续发力。

其一是产业链延伸。宏伟供应链将继续完善供应链全面解决方案，为工业客户提供集产品研发设计、虚拟生产、采购执行、分销营销、仓储与物流、金融与结算于一体的全生命周期供应链综合服务。在此基础上，基于中央仓、区域仓、网络货运构建物流仓转配体系，全面提升产业链供应链物流创新水平，促进各环节高效衔接和全流程协同。

其二是行业扩张。相比风力与太阳能，因核能的经济性与高效率，其更适合替代火力成为主流发电能源，加之中国乏燃料处理技术与核能技术发展进度不匹配，乏燃料循环成为困扰中国核电企业的关键问题。依托核电产业良好的发展前景，宏伟供应链将持续深入核电领域工业品业务，并不断拓展上下游业务领域。紧紧围绕"以清洁能源为核心的工业供应链生态圈"的战略目标，以核电行业为核心，拓展行业覆盖范围，如光伏发电、水电、风电等清洁能源发电领域及军工、高端装备制造等工业领域。

其三是线上扩展。宏伟供应链将通过供应链平台核心企业的引导作用，吸收更多的企业在平台系统上开展各项业务合作，加强技术与流程创新，提升供应链智能化管理能力。与此同时，宏伟供应链将快速推广线上平台，通过"万马奔腾计划""星火计划"招募优质工业品制造商和服务商合作伙伴，增加系统对接的客户覆盖范围，提高线上渠道客户渗透率。

口腔正畸行业研究及龙头企业分析

程佳琳　应　战

一 行业概览

（一）口腔正畸行业的定义与分类

错颌畸形指牙齿不齐，包括牙齿拥挤、空隙牙列、前突等情况。正畸是指针对牙齿错颌畸形即牙颌面关系异常、牙列不齐进行诊断、预防及矫正等。

正畸治疗主要有两种方法，即传统正畸疗法与隐形矫治疗法，相比之下，后者具备多重优势。传统正畸疗法采用金属牙套、舌侧矫治器、陶瓷牙套或其他可见矫治器，而隐形矫治疗法则采用定制生产的可摘隐形矫治器；传统正畸疗法为错颌畸形的主要疗法，但存在不美观、舒适度低、对医生技术要求高等多个限制因素，隐形矫治疗法于 1998 年在美国首次推出，打破了传统正畸疗法的限制，拥有美观、舒适度高、就诊频率低且时长短等多个优点，正受到越来越多的患者青睐。

（二）中国正畸市场规模

全球正畸市场规模由 2015 年的 399 亿美元增长至 2020 年的 594 亿美元，复合年增长率为 8.3%，主要是受中国、美国、欧洲国家及其他亚太地区市场的推动，其中，当属中国的正畸市场增长最快。①

中国正畸市场规模由 2015 年的 34 亿美元增长至 2020 年的 79 亿美元，复合年增长率为 18.1%，且有望于 2030 年达到 296 亿美元。2020~2030

---

① 数据来源于时代天使 2021 年招股说明书。

年，中国正畸市场规模的复合年增长率预计为 14.2%。此外，中国正畸案例数目由 2015 年的 160 万例增至 2020 年的 310 万例，复合年增长率为 13.4%，并预计将于 2030 年达到 950 万例，复合年增长率为 12.0%。①

（三）中国口腔正畸行业发展历程

中国口腔正畸行业起步于 20 世纪 50 年代，1950～1960 年，口腔正畸科隶属于口腔科，中国口腔医学仅有 3 名一级教授，分别为北京大学口腔医学院毛燮均教授、第四军医大学陈华教授及上海交通大学医学院席应忠教授，他们均是中国口腔正畸学的领军人物。

1970～1979 年，各地陆续成立口腔正畸科室，规范口腔正畸毕业后教育。口腔正畸科室从口腔修复科单独分出，独立成科。国家正式要求口腔正畸医生需要在本科毕业后进行口腔正畸硕士教育，在取得医生资格证后，方可进行临床操作。

1980～1989 年，全国层面铺开了口腔正畸科室的发展道路，统一了口腔正畸教育，大部分医学院和医院单独成立口腔与正畸教研室与口腔正畸科。1988 年，第一部口腔正畸学教科书出版。

1990～1999 年，中国引进国外矫治器技术，成立了口腔正畸专业委员会。与此同时，国外方丝弓、直丝弓矫治器等技术也引入国内。1997 年，口腔正畸专业学组（三级学会）上升为口腔正畸专业委员会（二级学会）。

2000～2010 年，口腔正畸专业委员会开始举办大型口腔正畸国际交流会议。2004 年，由中华口腔医学会口腔正畸专业委员会倡导，第一届海峡两岸及港澳口腔正畸学术会议在我国香港地区举行。21 世纪后，我国开始引进自锁托槽、舌侧矫治器、种植体支抗技术及隐形数控可摘矫治器。

2020 年至今，中国口腔正畸学发展逐步与国际接轨，走向自主创新时

---

① 数据来源于时代天使 2021 年招股说明书。

代：引入 CT 技术与数字化手段，并创新传达直弓丝矫治器技术，发表国际性学术论文，口腔正畸自主创新能力不断增强。其中，隐形正畸治疗法于 1998 年在美国首次推出，21 世纪以后，我国才开始引进隐形矫治器，市场仍处于萌芽阶段。

（四）隐形正畸在口腔医疗项目市场中增速最快

隐形正畸在口腔医疗项目中属于高客单价且市场复合年增长率最快的项目。隐形正畸收费为 1.5 万~6 万元/疗程，市场规模为 100 亿元左右，2016~2020 年复合年增长率近 40%。传统正畸收费为 0.5 万~6 万元/疗程，市场规模在 300 亿元以上，2016~2020 年复合年增长率为 15%。

中国在 2019 年成为世界第二大隐形矫治市场。就零售收入而言，中国的市场规模由 2015 年的 2 亿美元增至 2020 年的 15 亿美元，复合年增长率为 44.4%，并有望于 2030 年达到 119 亿美元，2020~2030 年的复合年增长率预计为 23.1%。随着中国隐形矫治器治疗在潜在患者中越来越受欢迎，加之中国牙科医生采用隐形矫治器治疗增加，隐形正畸解决方案正在逐渐取代传统正畸方案。[①]

（五）宏观政策持续出台，推动隐形正畸规范发展

2016 年 11 月 29 日，国务院印发《"十三五"国家战略性新兴产业发展规划》，提出"开发高性能医疗设备与核心部件"，"利用增材制造等新技术，加快组织器官修复和替代材料及植介入医疗器械产品创新和产业化"。

2019 年 1 月 31 日，国家卫健委办公厅发布《健康口腔行动方案（2019 年—2025 年）》，提出"聚焦口腔科技发展和临床重大需求，加强口腔疾病防治应用研究和转化医学研究，加快种植体、生物 3D 打印等口

---

① 数据来源于时代天使 2021 年招股说明书。

腔高端器械材料国产化进程，压缩口腔高值耗材价格空间"的目标，多方面利好正畸行业。

此外，原食药监局发布多项政策推动医疗器械行业整体创新。对于正畸行业，这些政策有助于中国完善口腔卫生服务体系，全面提升中国口腔健康水平，进而推动行业良性发展。

二 驱动因素

（一）中国错畸治疗市场未来空间增长可得益于隐形矫治渗透率提高

中国错畸发病率较高，达到 67%，而隐形矫治渗透率较低，仅为 0.3%，未来空间增长可得益于渗透率提高。

2020 年，中国有约 10.40 亿例错颌畸形病例，远多于美国的 2.45 亿例。但 2020 年中国接受治疗的 310 万例病例中仅有 11.0% 使用隐形矫治器，而美国接受治疗的 440 万例错颌畸形病例中有 31.9% 使用隐形矫治器，由于技术发展阶段及消费者认知程度不同，当前，我国隐形矫治渗透率较低。

中国错颌畸形复杂案例比例较高，与欧美国家相比，治疗难度更大。CIC（Committee on Institutional Cooperation）报告显示，中美错颌病例存在结构性差异，美国第二、三类错颌合计仅占 23%；与之相反，中国第二、三类错颌占比接近五成，是错颌畸形主要病例，国内有 5 亿人口面临第二、三类错颌畸形问题。鉴于第二、三类错颌诊疗难度更大，中国错颌病例情况更为复杂，因此，这对国内正畸医生的专业度和经验要求更高。而对于隐形正畸来说，亚洲案例的累积数量至关重要，这对数据库复杂案例的丰富度、颗粒度要求较高，头部企业的先发优势将体现得更为显著。

（二）三、四线城市及青少年市场将成为主要增长动力之一

三、四线城市及青少年市场将成为主要增长动力之一，多产品组合有望把握高增长市场潜力，中国市场有望成为全球隐形正畸市场的核心驱动力。鉴于中国市场目前仍处于快速成长阶段，我们预计未来中国将成为全球隐形正畸市场的核心驱动力。灼识咨询数据显示，2019 年，中国隐形正畸市场规模为 14 亿美元，占全球市场的 10.6%，2015~2019 年复合年增长率为 56.0%，预计 2030 年中国隐形正畸市场规模有望达到 119 亿美元，占全球市场的 23.4%，2019~2030 年复合年增长率为 21.5%。

一、二线城市为当前中国隐形正畸的主要市场，三、四线城市规模快速增长。隐形正畸价格较高，美观性强，相比之下，隐形矫治技术更容易在一、二线城市受到追捧。但由于三线及其他城市基数较低，叠加隐形矫治品牌也在不断下沉推出低价位的产品线，我们认为隐形正畸的市场发展潜力依然较大。

从市场结构来看，隐形正畸市场结构差异明显，北上广深等一、二线城市是主力军，占据近 70% 的市场份额。未来，随着消费者收入水平上升，民营诊所向下沉市场覆盖，隐形正畸技术不断提升，品牌推广力度不断加大，产品线布局更加多元化，隐形正畸将逐步向三、四线城市下沉，基层人口将成为庞大的潜在消费群体。

从年龄结构来看，青少年有望成为下一个潜在增长点。灼识咨询数据显示，2019 年，中国成人和青少年隐形正畸案例在所有正畸病例中的占比分别达 37.8% 和 4.3%，同期，美国的比例分别为 69.3% 和 15.9%。比例的差距主要是因为成人经济承受能力高，而中国家长对青少年隐形正畸的技术认识不足，对传统托槽矫治技术的接受度更高。随着代际的转化，我们预计未来家长对于隐形正畸的接受度将有所提升。

（三）人们的消费能力提高，口腔健康、美观意识增强

消费者受教育水平提升有助于增强对口腔健康及牙齿美学的意识。目前，口腔消费者的主要困扰是牙齿不够白、牙齿不整齐及龋齿三个问题。

女性消费者在口腔医疗消费中已成为主导力量，口腔正畸由"必选"消费需求过渡至以正畸矫治为代表的"变美"消费需求。

（四）隐形矫治器产品将成为主要正畸产品

2010 年，全国隐形正畸生产商仅有 2 家，2021 年，这一数据已增至 124 家。针对不同年龄阶段及消费能力的不同产品线，隐形矫治器产品正逐渐丰富，适应证更加广泛，其在未来将成为主要正畸产品。

由于中国的复杂正畸病例较为普遍，隐形正畸产品目前已逐渐拓宽至严重错颌适应证。2019 年，隐形正畸已经能够解决一半左右的适应证，未来仍将不断扩大新的目标患者群体。

隐形正畸用到的口内扫描仪能带来即时可视化治疗效果，可让患者在接受正畸治疗前预览到治疗后效果，这有助于对治疗效果存疑的患者接受治疗。此外，口内扫描仪在中国的渗透率仅为 10%，相比美国约 40%的渗透率，仍有很大的上升空间。由于口内扫描仪的成本降低，市面品牌增多，口内扫描仪渗透率的提升会促进隐形矫治器市场发展。

（五）隐形正畸的数字化模拟技术将解放生产力

隐形正畸的数字化模拟技术降低了对医生的技术要求，有助于解放生产力。

近年来，在政策利好的推动下，包括综合性医院、牙科医院和诊所在

内的提供正畸治疗的医疗机构数量有所增加，但正畸医生数量相对紧张。随着正畸市场的蓬勃发展及正畸治疗难度的降低，越来越多的全科牙医考取了正畸医师证书。

对医生而言，隐形正畸产品的提供商会进行特定的培训。数字化模拟技术及矫治方案设计的额外支持，加之较为方便的使用方法，使隐形正畸对医生的要求开始降低。此外，隐形正畸产品复诊频率低，每次复诊时间短，也提升了医生的工作效率，从而促进医生年人均案例数增加。

三 竞争格局

（一）隐形矫治器行业壁垒高

传统矫治器更加依赖医生，竞争主体关系弱，隐形矫治器属于高值耗材，行业壁垒高，竞争主体已经呈现双强割据局面。我国隐形矫治解决方案市场高度集中，2020 年，就案例数而言，时代天使与隐适美分别占41.0%和41.4%，合计占比超过 80%。正雅位列第三，但占比较前两位相差较大，仅为 8.6%，其他品牌合计占比约为 9.0%。

（二）隐形正畸行业马太效应稳固

隐形正畸行业有着明显的特性，即马太效应稳固，具有高壁垒，先发优势塑造护城河，具体表现在以下四个方面。

其一，生产存在跨学科壁垒，有专利的企业具有领跑优势。隐形正畸的相关生产流程比较复杂，需口扫建模、数字化方案设计、牙膜 3D 打印等多重工序。因此进入者必须跨域生物力学、正畸学、材料学、计算机科学等多重技术壁垒，耗时长且昂贵。

其二，需要不断积累病例，增加样本量，从而提升精准度。精准度是隐形正畸的核心，数据库中样本量越大，越有可复制的经验以供精准匹配。案例迭代学习能力也是重要的一环。先发者可以通过已积累的大量案例，进行分析和学习，来覆盖更多适应证，提高处理复杂病例的能力，优化整体方案。

其三，先发者在规模定制上具有优势。隐形矫治解决方案提供商必须具备规模定制能力，如顶级隐形矫治器设计人员、全面的数字定制设计系统、充足的3D打印机及其他隐形矫治器制造设备和基础设施等，而新进入者很难具备这一能力。

其四，先发品牌已积累了大量医生和患者认可。错颌畸形病例的治疗通常需要约两年时间，且中途难以更换治疗方法，因此，牙科医生会谨慎地为其患者选择隐形矫治解决方案。先发者可以通过与医生的长期合作，挖掘患者潜在需求，不断更新迭代自身产品来惠及患者。

四　口腔正畸产业链

（一）产业链分类清晰

隐形正畸产业链分类清晰，包括三大部分：产业链上游的市场参与主体为膜片材料供应商和设备供应商；产业链中游的主体为隐形矫治器服务提供商；产业链下游的主体为口腔医疗服务机构，对接终端患者。

上游方面，肖尔（Scheu）与爱登特（Erkodent）垄断了原材料和压膜机，其提供的原材料占国内90%以上的份额。口内扫描仪以国外厂商的产品为主，隐适美自行研发出口内扫描仪，其余中游厂商主要与口内扫描仪厂商合作，美亚光电为国内首家自主研发出口内扫描仪的厂家。由于 3D 打印机竞争充分，国内厂商具备生产能力。

中游方面，主要包括可负责生产隐形矫治器的企业。不同于传统矫治器，隐形矫治器是核心高价值耗材，行业壁垒高，毛利率可达到 70%。

下游方面，各类医疗服务机构中公立医院更具权威性，但是供给有限。民营医疗机构加速扩张，毛利率可以维持在 20%～50%。隐形正畸数字化程度高，部分医美机构同样提供隐形正畸服务。

（二）产业链上游：膜片材料供应商和设备供应商

对于矫治器膜片材料，需要不同特性的材料进行混合加工以改性，制成复合材料。理想矫治器膜片需要满足几个条件，包括矫正力合适、成形性好、吸水性低、透明度高、耐磨性高、安全无毒、抗张强度高等。单一材料通常无法满足功能性需求，因此需要进行多个材料混合加工才能达到理想效果。目前，隐形正畸材料品类丰富，主要包括 PET、PETG、TPU、PC、PP 材料及 EVA。

当前，膜片市场产品以进口产品为主，国内注册的膜片生产商仅三家。现阶段，90%隐形正畸矫治器的生产商选择从肖尔和爱登特两家供应商采购原材料膜片，再进行隐形正畸产品的生产、制造。主流品牌都在膜片环节拥有自主知识产权，布局上游膜片环节是中国及海外大型生产商的重点着力方向。受制于生产技术及渠道等方面，当前，在国内膜片市场还是以进口产品为主。但是考虑到国内隐形正畸的双寡头竞争格局带来的集采效应，这会削弱膜片供应商的议价能力，叠加注册通过产品品牌的丰富，这一环节的成本管控相对有利。

3D 打印机即指通过 SLA 技术或 DLP 技术完成不同阶段牙颌模型批量定制化生产的设备，通常由电脑辅助设计技术完成隐形牙套数字文件切片，形成二维图像并将连续切片信息重叠，直到固态牙颌模型成型。时代天使和隐适美分别与普利生和 3D Systems 两家 3D 打印企业合作，中国 3D 打印领域的知名企业包括联泰、中瑞、创想思维等，3D 打印机市场竞争激烈促使 3D 打印机价格逐步降低。

口内扫描仪主要有 Sirona、3Shape、iTero、Carestream、美亚光电五大品牌，国内技术精进的口内扫描仪企业和国外口内扫描仪企业的差距越来越小，并将逐步赶超国外口内扫描仪企业。预计未来国内技术领先的产品将替代部分国外产品，在市场中占有更多份额。口内扫描仪基于数字化功能取代了传统石膏模型，避免了运输过程中材料受损。2019 年，中美两国口内扫描仪在正畸治疗中的渗透率分别为 65.0% 和 27.0%，我们认为，中国市场对口内扫描仪的广泛使用将成为发展趋势，口内扫描仪使用比例有望进一步提升。

（三）产业链中游：隐形矫治器服务提供商

隐形矫治器服务提供商主要涵盖正畸耗材和技术系统。隐形正畸矫治过程跨五大专业学科，即临床口腔正畸学、计算机科学、材料学、智能制造技术和生物力学。隐形矫治解决方案提供商必须具备规模定制能力，拥有顶级隐形矫治器的设计人才和全面的数字化系统，加之充足的 3D 打印机及其他隐形矫治器制造设备和基础设施。

中游隐形矫治器生产厂商的服务流程通常为：第一，这些生产厂商向上游膜片供应商及设备供应商采购所需膜片及机器设备；第二，其在收到下游诊所渠道寄送的患者牙颌石膏模型后，采用 3D 扫描技术录入患者牙颌石膏模型的三维数据，进行牙颌石膏模型的三维重建，并通过计算机对重建后的数字化模型进行全方位旋转观测；第三，生产厂商结合可视化三维图像处理技术及三维激光快速成型技术，模拟临床矫治设计与牙齿移动方式以进行可视化三维牙颌畸形的矫治，并将各矫治阶段的三维牙颌模型进行 3D 打印；第四，通过压膜机在批量成型的牙颌模型上压制出各阶段的隐形牙套；第五，将压制完成的隐形牙套寄至诊所，由诊所医生为患者讲解正畸过程的注意事项，患者按阶段顺序佩戴隐形牙套以达到矫正牙齿的目的。

早期进场的隐形矫治器品牌方多数集研发、生产、销售等功能于一体，并且自主培养、教育和认证矫正医生。在技术系统端，中游主流隐形矫治器厂商纷纷自主研发专有技术及数据平台，以获取系统智能化及数字化正畸的突破能力。这些厂商通过持续投资基础设施及提升软件能力，搭建领先、复杂且高效的信息技术系统，向牙科医生提供一站式服务，开展矫治方案设计业务及生产隐形矫治器，并提高运营效率。

（四）产业链下游：口腔医疗服务机构

产业下游主要是服务型企业，以口腔医疗服务机构为代表，是直接触及正畸用户的终端。对于下游医疗服务机构，由于中国口腔专科医院数量少，因此隐形矫治器销售渠道以民营诊所为主。根据未来智库分析，民营口腔医疗机构是市场的主体，且其数量仍处在快速增长之中。随着批照难度降低和医生多点执业推进，个体门诊将成为未来口腔医疗社区化的主力军。

公立医院攻质、民营机构扩量。综合现有资料，目前，产业链终端机构约有 9 万家，其中公立医院和民营机构数量占比分别约为 11% 和 89%，大部分隐形矫正案例在民营机构中完成（占比为 60%~70%）。

私营医疗机构的参与逐渐增多。在为接受隐形矫治器治疗的病例提供服务的中国医疗机构中，私营医疗机构过半数，主要有三点原因。其一，中国的医保并未覆盖错颌畸形治疗，这减弱了患者去公立医院进行正畸治疗的动力。其二，在中国，与公立医院相比，私营医疗机构在安排治疗方面更加灵活便利。其三，错颌畸形一般不被看作严重疾病，患者对于向私营医疗服务提供商寻求错颌畸形治疗有更少的顾虑。因此，我们预测未来私营医疗机构的渗透率将持续提升。

五 龙头企业分析

（一）时代天使

时代天使在中国隐形正畸的市场份额排名第一，拥有独立的专利技术和数据平台，推出了多元化产品组合以满足客户需要。公司成立于2003年，是国产隐形正畸龙头企业，商业模式稳定可靠，未来通过不断积累品牌力，可以实现高于行业增速的稳健发展。

ToDoctors模式不断提高正畸专业度，积累品牌力，持续拓宽护城河，公司合作医生数量约为1.73万名。公司累计完成国内案例数超过50万例，相比国内其他竞争者，其具有多个正畸周期壁垒，未来有望享受行业快速发展带来的红利，继续保持30%以上的收入增速。

时代天使的控股股东的产业资源丰富，可以助力其长期成长。公司控股股东松柏投资致力于布局口腔行业全产业链。上游不仅布局了时代天使，还投资了种植体、生物材料、口内扫描仪等国内外著名企业；中游成立了松柏牙科，布局华光口腔集团，形成综合服务平台以提供医疗器械及专业解决方案；下游与多家地方口腔医院展开合作，例如惠州口腔医院、汕头口腔医院等。松柏投资在口腔领域的上下游均积累了丰富的产业资源，在学术品牌打造和产品研发层面给予时代天使多重支持，公司重大的产品及研发进展均发生于2015年松柏投资控股之后。

时代天使整体的盈利能力突出，处于黄金成长阶段。招股说明书显示，2018~2020年，时代天使营收由4.88亿元增至8.17亿元，CAGR达29%；归母净利润由0.69亿元增至1.51亿元，CAGR达59%。2020年的毛利率和净利率分别为70.4%和18.5%，同比分别增长5.8个百分点和8

个百分点。剔除员工股权激励的股份开支影响，2020 年，公司调整后的净利润达到 2.97 亿元，净利率为 27.8%，同比增长 7.7 个百分点；ROE 达 37.7%，ROIC 达 28.7%，盈利能力突出。

（二）阿莱技术

阿莱技术是全球最大的隐形正畸企业、隐形矫治器的发明者。阿莱技术旗下的隐适美于 1998 年获得美国 FDA 批准，正式开启了全球的隐形正畸时代。2020 年，隐适美的全球隐形正畸案例达 165 万例，对应收入为 22 亿美元，产品覆盖了 100 多个国家和地区。

阿莱技术的产品线齐全，生态链完备。其上游自主研发了 SmartTrack 膜片材料；中游拥有各类细分的矫治器组合 Invisalign（配合 G3 ~ G8 矫正技术和附件装置）、口内扫描仪平台 iTero 及椅旁数字化软件 Exocad。从收入结构看，2020 年，隐适美隐形牙套贡献收入 21 亿美元，占比约为 85%；以 iTero 为主的系统及服务板块贡献收入约 4 亿美元。

（三）正雅齿科

正雅齿科成立于 2004 年，是隐形正畸行业的知名国产品牌企业之一，是国内少数拥有智能全生产链的隐形矫治器品牌企业。公司产品管线较为丰富，利用价格优势打入中低端市场，公司目前主攻成人正畸。2019 年，正雅齿科正式成为中国航天事业战略合作伙伴，并完成 C 轮融资。

正雅齿科专注于数字化正畸技术及隐形矫治器的研发和制造。经过多年发展，公司逐渐形成了 Smartee G GS 版、Smartee 航天版、Smartee α^2 日夜版、Smartee G II、Smartee GE 经典版、正雅正美悦享版等多个产品体系的隐形矫治器。公司自主研发的隐形正畸技术融合了临床口腔医学、计算机科学、生物力学、3D 打印技术和高分子材料学，累计申请专利近 300

项，累计覆盖 2.8 万家口腔医疗机构，累计完成隐形正畸案例超过 30 万例。

（四）先临三维

先临三维是国内 3D 数字化和 3D 打印领域的龙头企业，技术积累深厚。公司深耕 17 年，自主研发并拥有了从 3D 数字化设计到 3D 打印制造的软硬件一体化完整技术链。截至 2020 年底，公司已获得 105 项发明专利，另有 134 项专利正在申报中，公司的发明专利多应用于自研 3D 扫描仪，与最终缩减 3D 打印机业务相印证，公司技术优势在于前端的扫描。综观公司业绩，过去几年亏损主要源自子公司先临云打印、易加三维、捷诺飞的亏损，目前，亏损子公司剥离已接近尾声，随着高毛利率自研口内扫描仪的放量，公司业绩将迎来高速提升。

作为国产口内扫描仪龙头企业，2019 年，先临三维在国内的口内扫描仪销量为 3000~4000 台，其他国产品牌仅为 300~600 台。而公司在 2019 年与 2020 年的口内扫描仪出货量分别为 293 台和 1503 台，占据龙头地位。在中性预期下，至 2025 年，我国口内扫描仪渗透率将达到 50%，2020~2025 年，中国平均年市场需求 1 万台，海外市场则更大。

公司经过 2014~2017 年的扩张，自 2018 年起聚焦核心业务，缩减非核心业务和亏损业务，逐步注销和转让相关控股及参股子公司。2012~2020 年，公司收入稳步提升，随着高毛利率的口内扫描仪收入增长，公司综合毛利率逐步提升至 50% 左右。口内扫描仪毛利率远高于 3D 打印机，因此在业务重整之后，公司毛利率将大幅提升。

（五）美亚光电

美亚光电深耕光电识别技术领域 20 余年，是色选机国产替代的先驱，于 2012 年进入口腔 CBCT（Cone Beam CT）领域，聚焦色选机、高端医疗成像和工业检测三大业务板块。目前，CBCT 已完成初步国产替代，竞争格局稳定，公司具备先发优势，盈利能力在行业内处于领先水平。公司已布局口内扫描仪设备领域，并于 2020 年完成口内扫描仪相关产品认证，有望进一步打开成长空间。

图书在版编目（CIP）数据

中国工业制造投资发展报告 . 2022 ／ 建投投资有限
责任公司主编 . --北京：社会科学文献出版社，2022. 10
（中国建投研究丛书 . 报告系列）
ISBN 978-7-5228-0377-7

Ⅰ . ①中… Ⅱ . ①建… Ⅲ . ①制造工业-工业投资-
研究报告-中国-2022 Ⅳ . ①F426. 4

中国版本图书馆 CIP 数据核字（2022）第 110363 号

中国建投研究丛书·报告系列
中国工业制造投资发展报告（2022）

主　　　编／建投投资有限责任公司

出 版 人／王利民
组稿编辑／恽　薇
责任编辑／孔庆梅
责任印制／王京美

出　　　版／社会科学文献出版社·经济与管理分社（010）59367226
　　　　　　地址：北京市北三环中路甲 29 号院华龙大厦　邮编：100029
　　　　　　网址：www. ssap. com. cn
发　　　行／社会科学文献出版社（010）59367028
印　　　装／三河市尚艺印装有限公司

规　　　格／开　本：787mm×1092mm　1/16
　　　　　　印　张：12. 25　字　数：159 千字
版　　　次／2022 年 10 月第 1 版　2022 年 10 月第 1 次印刷
书　　　号／ISBN 978-7-5228-0377-7
定　　　价／89. 00 元

读者服务电话：4008918866